Shiva-Sūtras
Realidade e realização supremas

I.K.TAIMNI

Shiva-Sūtras
Realidade e realização supremas

Editora Teosófica
Brasília-DF

The Theosophical Publishing House
Adyar, Chennai, 600 020, Índia

Direitos Reservados à
EDITORA TEOSÓFICA
SGAS Quadra 603, Conj. E, s/nº
70.200-630 - Brasília-DF - Brasil
Tel.: (61) 3322-7843
Fax: (61) 3226-3703
E-mail: editorateosofica@editorateosofica.com.br
Site: www.editorateosofica.com.br

T133   Taimni, I. K. (1898-1978)

Shiva-Sūtras - realidade e realização supremas/
Ed. Brasília-DF, tradução: Maria Luiza Lavrador

Tradução: The ultimate reality and realization
ISBN: 978-85-7922-053-1

1. Filosofia Oriental   2. Shaivismo
II. Título

CDD 212

Revisão Técnica: Pedro Oliveira
Revisão conforme a nova ortografia: Zeneida Cereja da Silva
Capa: Luis Felipe Moura
Diagramação: Reginaldo Mesquita
Impressão: Gráfika Papel e Cores - Fone: (61) 3344-3101
           E-mail: papelecores@gmail.com

Sumário

Prefácio 07

I Seção 21

II Seção 75

III Seção 107

Prefácio

No mundo de hoje, um número cada vez maior de pessoas inteligentes e com tendências espiritualistas está se afastando das ideias ortodoxas em religião e filosofia, e voltando-se para a realização de uma Realidade Suprema, que está oculta no coração de todo ser humano como o objetivo final da busca espiritual e autodisciplina. Qual a natureza dessa Realidade, como pode ser alcançada, e qual a essência do trabalho realizado pelos Grandes Seres que obtiveram sucesso nessa direção e se estabeleceram permanentemente naquela Realidade – essas são, provavelmente, algumas das perguntas de maior interesse a todos os estudantes sinceros da Ciência Oculta e aos que estão trilhando o caminho do Ocultismo prático.

É certo que todas essas questões estão além do campo do intelecto humano e não podem ser respondidas satisfatoriamente com base somente na razão. Esses são assuntos relacionados à experiência interna; e essa experiência só pode ser obtida no trilhar do difícil caminho de desenvolvimento da consciência, que revela passo a passo diferentes aspectos da Realidade e, finalmente, a própria Realidade Suprema. Mas isso não significa que seja impossível dizer algo sobre a Realidade ou sobre o método para conhecê-la. Indubitavelmente, a Realidade só pode ser conhecida por experiência direta, porém aqueles que obtiveram êxito em seus esforços para alcançar essa experiência à sua maneira podem, certamente, dar alguma ideia a respeito da natureza daquela experiência, como pode ser obtida e qual é a natureza da autodisciplina que a torna possível.

Não somente é possível a essas pessoas dizerem algo sobre essas questões vitais como elas próprias sentem uma espécie de compulsão a falar aos outros sobre suas experiências, no sentido de encorajá-los a entrar naquele caminho que os tornará capazes de obter a experiência direta por eles mesmos.

Há uma razão específica para esse impulso em persuadir outros a entrarem no caminho da Autorrealização. Esta realização revela a unidade da vida que sustenta todas as criaturas. Dessa experiência de unidade, nasce um amor extraordinário por todos os seres e o desejo de ver a humanidade livre das ilusões e limitações dos mundos inferiores, nos quais o homem comum está envolvido. O amor nos faz querer repartir o que temos de mais valioso com aqueles a quem amamos e, por isso, um indivíduo Iluminado faz tudo o que pode para persuadir os outros a adquirir aquilo que trouxe a ele uma felicidade tão elevada. Ele vê claramente a natureza Divina presente no coração de todos os seres humanos e como o envolvimento com as ilusões do mundo os impedem de se tornarem despertos a esta tremenda Realidade. Portanto, é natural que ele esteja incessantemente engajado em fazer com que os outros vejam essas ilusões e se libertem dos sofrimentos da vida inerentes a elas. Os homens podem ou não dar ouvidos à sua mensagem fundamental, mas o Iluminado continua a difundi-la amplamente, fazendo-os compreender sua importância.

É por essa razão que, embora a Verdade seja uma questão de realização direta pelo próprio esforço individual, temos disponível uma literatura tão vasta e preciosa trazendo as experiências e exortações daqueles que alcançaram a percepção dessa Verdade em diversos graus e seguindo métodos variados. Os *Upanixades* e tratados similares pertencentes a outras religiões estão repletos de experiências e exortações daqueles que obtiveram vislumbres da Verdade Suprema e quiseram compartilhar suas experiências com outros que também estavam buscando a mesma Verdade, ainda que sob um nome diferente e seguindo método distinto.

O estudante deveria, no entanto, exercitar seu discernimento ao adentrar essa literatura, procurando não só separar o que é profundo do que é espúrio, mas também distinguir a que categoria pertence um determinado tratado. Um deles poderá trazer em termos suntuosos as experiências particulares de um místico cuja consciência, em êxtase, tenha sido alçada temporariamente em um nível mais elevado. Outro apresentará um panorama requintadamente belo de horizontes sempre fugazes na longa jornada para a meta espiritual. Um terceiro poderá nos dar não apenas um vislumbre inspirador do nosso objetivo espiritual de modo magistral, porém igualmente estabelecer os princípios gerais subjacentes aos métodos que levam à sua conquista. Os *Shiva-Sūtras* pertencem a esta terceira categoria.

Aqueles que estudam cuidadosamente esse tratado e são capazes de apreciar sua grandeza e beleza adequadamente poderão ver por si mesmos que ele deve proceder de uma fonte muito elevada, embora tenha sido revelado através de um erudito comum inspirado temporariamente para receber e transmitir ao mundo sua preciosa mensagem. A própria natureza dos tópicos abordados assim como o modo extremamente habilidoso como foram apresentados mostram que o verdadeiro autor do tratado deve ter sido alguém Autorrealizado que, havendo trilhado ele próprio o caminho do desenvolvimento espiritual, alcançou a meta final da Autorrealização e por isso conhece intimamente todos os aspectos da vida espiritual, tanto os experimentados pelo aspirante quanto os vivenciados por quem já está estabelecido no mundo da Realidade.

Essa espécie de exposição de verdades da mais profunda importância para o mundo em geral é bastante propagada e comum. Aqueles que possuem e têm capacidade para comunicar tal conhecimento são naturalmente grandes almas, que já atingiram os mais altos estágios do desenvolvimento espiritual e, portanto, já ultrapassaram o desejo vulgar de ter seu nome e sua personalidade ligados à informação transmitida ao mundo para o benefício de todos. Eles sabem muito bem que há uma só fonte para todo conhecimento real e verdadeiro, a Realidade Única que sustenta e mantém o universo em sua vasta abrangência. Assim, todos os que descobrem e transmitem tal conhecimento são meros canais através dos quais este conhecimento flui do Centro mais interno para o mundo externo. A expressão de profundas ideias e conceitos sob a forma de aforismos não só permite ao autor condensar seus pensamentos até o limite máximo como também evita, em grande medida, o risco de modificações e de rígidas cristalizações, que ocorreriam através da linguagem comum. Pois, usando este método, as ideias são meramente insinuadas, e fica ao encargo do estudante extrair delas seu verdadeiro sentido e valor pelo próprio esforço e de acordo com o seu próprio estágio de desenvolvimento espiritual.

Após estas considerações preliminares, façamos agora uma apreciação geral sobre as questões e os fatos básicos da vida espiritual tratados neste trabalho. Isso facilitará ao estudante compreender o significado profundo dos vários aforismos e suas relações mútuas, e associar o que é dito nos comentários específicos sobre os aforismos, compondo um quadro de todo o panorama da vida espiritual experimentada em seu nível mais elevado.

Podemos começar assinalando que os *Yoga-Sūtras* de Patañjali, que se tornaram popular até mesmo no Ocidente, dão uma noção bastante compreensível da variedade de técnicas que envolvem a prática do *Yoga*, mas são muito deficientes em dar uma concepção clara e inspiradora com relação ao real objeto de prática dessas técnicas e a natureza da Realidade que deve ser percebida quando a meta é atingida. Uma simples palavra – *Kaivalya* – é usada para denotar a natureza da meta suprema de todos os esforços extenuantes despendidos geralmente no decorrer de numerosas vidas; e tudo o que o estudante ou aspirante pode presumir do estudo do tratado é que *Kaivalya* lhe oferece um meio eficiente para a libertação dos sofrimentos ligados à vida humana comum.

Transcender as misérias da vida representa, quando muito, uma perspectiva negativa; e a menos que exista algo positivo e de valor profundo que substitua esse ideal negativista, provavelmente o homem comum não se sentirá atraído por ela, pois considera a vida como um misto de alegrias e de tristezas, e só se dispõe a sofrer essas últimas em vista das compensações geradas pelas primeiras. Quantas pessoas, por exemplo, não se dispõem a suportar as dores e os pesares incômodos e ocasionais do dia a dia pela felicidade que vem do amor de seus filhos, do prazer da criação artística, o apreço dos seus semelhantes e de conquistas valiosas em diferentes campos de trabalho, sem falar dos prazeres mais grosseiros, de natureza física.

Nessas circunstâncias, somente um ideal bastante elevado e uma perspectiva de natureza muito profunda, que toquem o próprio âmago do ser e façam um apelo à Vida Divina interior que está latente dentro dele, poderão atrair o aspirante e dispô-lo a sacrificar os prazeres e as alegrias da vida comum de forma a ganhar, ao fim do esforço, a bem-aventurança imensamente sutil, superlativa e perene da verdadeira espiritualidade, na qual estamos despertos à nossa essência *Sat-Cit-Ānanda*.

Erramos quando subestimamos as potencialidades do homem comum em responder aos apelos de natureza espiritual, como demonstraram claramente as vidas de todos os Grandes Instrutores. Eles foram capazes de atrair não somente pessoas com inclinação e habilidades espirituais como também os indivíduos menos promissores, embora em menor número. O segredo do seu sucesso estava em sua capacidade de apelar ao *Ātmā* oculto dentro da forma exterior e na mente do indivíduo. Quando *Ātmā* fala a *Ātmā*, todas as barreiras intermediárias criadas pela mente ruem e o apelo atinge o alvo. Mas é o *Ātmā* quem deve falar, e não a mente disfarçada sob a aparência de vida espiritual ou com a parafernália da ortodoxia religiosa. E o *Ātmā* só pode falar quando o instrutor está consciente de sua própria natureza espiritual e, por conseguinte, também da natureza espiritual de quem o escuta.

De fato, é necessário estarmos conscientes não apenas de nossa natureza espiritual como também da nossa natureza Divina nela oculta, a qual constitui a fonte dos sublimes estados de consciência e dos poderes super-humanos inerentes ao Espírito. Como alguém pode tornar-se cônscio desse Poder e Consciência Divinos, ocultos no centro da consciência através do qual o *Ātmā* individual funciona nos mundos da manifestação? Penetrando no próprio Centro que condensa – e nesse processo limita enormemente – o Poder e a Consciência infinitos, inerentes à Suprema Realidade. Quando o *Yogue* altamente avançado tem sucesso nessa difícil tarefa, sua consciência emerge no mundo da Realidade Suprema; e por tornar-se um com a Consciência Universal daquele mundo, transcende todo tipo de ilusão e limitação dos mundos da manifestação. É essa Realidade Suprema, que pode ser mais bem visualizada pelo intelecto humano como Consciência Universal – na qual o Poder Universal é inerente – que é referida como Shiva na filosofia hindu; e os *Shiva-Sūtra* são um tratado que procura esclarecer a natureza dessa Realidade Suprema, o método de sua realização pelo indivíduo, e a natureza e o trabalho daqueles que estão permanente e irreversivelmente estabelecidos naquela Realidade.

É evidente, portanto, que esse tratado compensa, em alguma medida, as deficiências dos *Yoga-Sūtras* e, por lidar mais clara e integralmente com a natureza da Realidade da qual o *Yogue* bem-sucedido se tornou consciente, dá mais atratividade e inspiração ao ideal de Autorrealização. Os *Yoga-Sūtras* principalmente de *vidyā* ou a técnica do *Yoga* que é o aspecto negativo de *Brahmavidya*. Os *Shiva-Sūtras*, por outro lado, ocupam-se mais da natureza da Realidade Suprema ou *Jñāna* (sabedoria), que pode ser considerada como o aspecto positivo de *Brahmavidya*. Os dois tratados podem, assim, ser considerados como mutuamente complementares, cada um suprindo a deficiência do outro e juntos oferecendo uma ideia muito mais rica e completa sobre a natureza desta Ciência Sagrada.

Não deve ser suposto, por aqueles que estudam os *Shiva-Sūtras*, que a ausência de referência neste tratado às qualificações preliminares enfatizadas em *Luz no Caminho*[1] e em outros tratados ocultos similares de aplicação prática, signifique que os *Shiva-Sūtras* não dão importância a elas ou as presumem desnecessárias. Essa suposição significaria uma completa ausência de entendimento do alto propósito desse profundo tratado. Essas qualificações preliminares, apesar de não serem mencionadas em obras desse tipo, não são consideradas como não essenciais. Elas não são mencionadas porque se supõe que o aspirante já as deve ter adquirido. Imagina-se que o porquê de o aspirante entrar nesse difícil caminho, que leva ao supremo objetivo da evolução humana e que é apontado pelas qualificações

---

[1] *Luz no Caminho*, Mabel Collins. Editora Teosófica, 5 Ed., 2011. Brasília-DF. (N.E.)

preliminares, não se manifesta nos aspirantes não qualificados; portanto, seria inútil perder tempo em tratar desse treinamento preliminar, já descrito em outras obras mais elementares, de outra categoria. Não se espera encontrar regras da gramática inglesa em um livro de estudo crítico sobre literatura inglesa. Somente nas falsas escolas de misticismo e ocultismo é que instrutores de *Yoga* prometem iniciar discípulos nos mais altos mistérios sem antes apurar se eles possuem as qualificações necessárias. Mas, é claro, o discípulo deve estar preparado para compensar essa deficiência de caráter com o oferecimento de belos honorários ao guru!

O próximo ponto a ser esclarecido neste exame geral deste tratado é a divisão da obra em três Seções, de forma que o estudante possa entender a finalidade de tal divisão e por que determinados fatos e conceitos são referidos numa Seção enquanto outros, de natureza similar, são incluídos em outra. A razão fundamental para essa divisão em três Seções está no fato de que a obra trata da questão do desenvolvimento da consciência e da conquista de realizações de profundidade cada vez maiores sob três pontos de vista: l) Do ponto de vista da Consciência Divina; 2) Do ponto de vista do Poder Divino; e 3) Do ponto de vista de sua resultante, a mente ou *citta*, como é denominada nos *Yoga-Sūtras*.

A primeira Seção trata dos métodos que utilizam a própria consciência e são aplicáveis aos discípulos de mais alto nível – aqueles que já se tornaram Libertos e vêm a uma nova encarnação para tomar parte definida na execução do Plano Divino. Neste caso, a natureza espiritual já está altamente desenvolvida, e tudo o que é necessário à manifestação dos mais altos estados de consciência e dos poderes associados a esses estados, enquanto funcionando no plano físico, é um pequeno estímulo do nível inferior. Os estados de meditação e contemplação, que não podem ser alcançados nem mesmo por *Yogues* altamente avançados depois de anos e vidas de práticas de *Yoga*, são facilmente atingidos no caso dessas almas altamente adiantadas à custa apenas de um pequeno esforço mental para conhecer – por experiência direta – as realidades da vida interior; e os poderes associados a esses estados de consciência advêm naturalmente, sem que façam nenhum esforço especial para adquiri-los.

A palavra sânscrita *Samdhāna* é usada na primeira Seção para este processo de estabelecimento de contato com os reinos interiores do ser, ao dirigir-se a atenção a eles. No caso do indivíduo comum, esse tipo de direcionamento da atenção a essas realidades não produz nenhum resultado notável; primeiramente, porque a mente não é capaz de se concentrar com o grau de intensidade requerido e, depois, porque tanto a natureza espiritual e seus veículos nos diferentes planos ainda não estão plenamente desenvolvidos. Mas no caso das almas altamente avançadas, tais dificuldades não existem, e a abertura dos canais entre os mundos inferiores e os superiores se processa com a maior facilidade. É nesses estágios adiantados de desenvolvimento da consciência por indivíduos devidamente qualificados que o mecanismo do *Sushumnā nādī* e outros centros místicos presentes nos veículos começam a desempenhar o seu importante papel na manipulação adequada de forças como *prāna* e *kundalinī*.

Existe hoje uma febre em alguns círculos de aspirantes ainda espiritualmente imaturos para estimular a *kundalinī* individual e florescer como *Mahātmās* Iluminados instantaneamente. Não há nada de errado em estudar teoricamente esses interessantes fatos relativos às forças sutis que atuam em nossos veículos, mas não deveríamos nos permitir agir levianamnte em relação a eles sem antes adquirir as qualificações necessárias para usá-los de maneira apropriada. A pessoa que assim procede é como uma criança brincando com fogo. Um cientista que aspire alcançar eminência em qualquer campo de pesquisa não restringe seus conhecimentos aos fatos do campo particular em que trabalha. Ele procura adquirir uma base teórica tão ampla quanto possível de conhecimentos científicos. Mas ele não entraria em uma sala de controle de uma usina produtora de energia atômica e começaria a brincar com os interruptores e outros instrumentos que controlam e manipulam as várias forças e correntes.

O método de Autorrealização descrito na primeira Seção é baseado no ingresso nos quatro estados da própria consciência, diferentemente do método delineado nos *Yoga-Sūtras*, que se baseia em *citta-vritti-nirodha*. Ele é enunciado no aforismo I. 7 dos *Shiva-Sūtras*. Este método pode assim ser considerado como uma espécie de atalho para a Autorrealização e, portanto, só pode ser adotado por almas muito avançadas, que já possuam capacidade para usar método tão sutil e por estarem simplesmente recapitulando em um novo corpo o que já empreenderam em vida anterior. A primeira Seção é entitulada *Shāmbhavopāya* ou "o método de Shambhu", outro nome de Shiva ou Consciência Universal, latente tanto no manifestado quanto no não manifestado. O método é assim chamado porque nele o *Yogue* se ocupa unicamente dos estados da consciência, fonte e base de todos os estados da mente ou *citta*.

A segunda Seção dos *Shiva-Sūtras* é chamada *Shāktopāya*, e trata do método que depende da utilização do Poder Divino, a causa instrumental e base do universo manifestado. Este Poder Divino, como todos os estudantes da Ciência Oculta sabem, atua por meio do 'Som' ou *Nāda*, como foi explicado em outros trabalhos. Este método sutil não deve ser confundido com o *Mantra-Yoga* comum, onde a repetição e a meditação em *mantras* são usadas para afinar e auxiliar em seu desenvolvimento os veículos da consciência. Este fato é ilustrado nos aforismos extremamente significativos e importantes desta Seção.

Este segredo final do poder do 'Som' pode ser transmitido somente em uma iniciação verdadeira, por um *Mahātmā* Autorrealizado ou Adhikāri Purusha a um discípulo adequadamente qualificado e altamente avançado; e é capaz de levá-lo do mundo da manifestação ao mundo da Realidade. É evidente, portanto, que o método só pode ser usado por aqueles que já se desenvolveram espiritualmente e estão, dessa forma, qualificados para entrar em contato direto e pessoal com os Grandes Seres que são os mestres da Ciência Sagrada. Isso não tem nenhuma relação com as iniciações frequentemente conferidas na Índia por gurus comuns, que sussurram um *mantra* nos ouvidos dos seus *chelas* e executam alguma cerimônia religiosa. A diferença entre as duas espécies de iniciação é evidenciada claramente pela diferença no efeito que é produzido no discípulo.

A terceira Seção é chamada *Āṇavopāya*, que significa 'métodos relativos ao Ponto', porque trata da expressão da Consciência e do Poder Divinos através de uma Mônada, que é um Centro na Realidade Última; e é através desse Centro que a Mônada individual funciona em todos os planos de manifestação no mundo mental que ele criou ao redor daquele Centro. Todos os aforismos dessa Seção esclarecem os vários aspectos da consciência, da vida e das funções da Mônada no mundo da manifestação; mas as questões são tratadas de um ponto de vista elevado, e os aforismos não são, portanto, fáceis de entender.

O método de desenvolvimento da consciência indicado nessa Seção é praticamente o mesmo exposto nos *Yoga-Sūtras* de Patañjali, mas focaliza os problemas da vida espiritual de um ponto de vista muito mais elevado. Muitas das práticas e conquistas do *Yoga* tratadas em detalhes nos *Yoga-Sūtras* são tidas como óbvias nos *Shiva-Sūtras*; e muitos dos aspectos sutis do desenvolvimento da consciência não mencionados nos *Yoga-Sūtras* são apresentados muito resumidamente nos *Shiva-Sūtras*.

As filosofias em que se baseiam os métodos práticos dos *Yoga-Sūtras* e dos *Shiva-Sūtras* são distintas. Enquanto que a filosofia em que se baseiam os *Yoga-Sūtras* é consideravelmente colorida pela *Samkhya* – por isso ambígua e confusa sob certos aspectos –, a que fundamenta os *Shiva-Sūtra*s é claramente definida e baseada na existência da Realidade Última que traz à existência e sustenta o universo inteiro – cada Mônada sendo meramente um Centro separado de consciência e poder daquela Realidade, tendo oculta dentro de si, em forma potencial, o Poder e a Consciência Universais. Os *Shiva-Sūtra*s estão ligados à escola do Shaivismo de Kashmir.

No entanto, a característica mais importante da terceira Seção é a elucidação sobre a vida, o trabalho e a consciência dos Grandes Seres que se tornaram Libertos e que, como membros da Hierarquia Oculta, guiam a evolução dos indivíduos e da humanidade como um todo neste planeta. Tão pouca informação está disponível acerca desses Grandes Seres que qualquer pequeno vislumbre sobre o assunto encontrado nos aforismos é de valor inestimável.

Muita informação sobre os *Mahātmas*, baseada em investigações clarividentes, foi divulgada na literatura oculta, mas tais informações não dão esclarecimentos suficientes sobre suas funções, seus métodos de trabalho e o estado de consciência em que vivem. Os poucos aforismos sobre o assunto, encontrados nos *Shiva-Sūtras*, oferecem-nos uma visão mais profunda sobre a questão e nos habilitam a entender mais claramente que espécie de autodisciplina deva adotar um aspirante para que possa vir a ser como Eles em alguma medida, e obter o privilégio de entrar em contato direto com Eles como um discípulo.

Por exemplo, é bastante explícito nos aforismos da terceira Seção que há diferentes e bem demarcados estágios no desenvolvimento da consciência, que levam, ao final, na fusão com a Consciência Universal de Shiva. Cada um desses estágios é atingido ao se produzir mudanças fundamentais no estado da mente e da consciência, resultantes do completo domínio de alguma tendência da natureza humana inferior, como *moha*, etc. E quando um novo estágio é assim alcançado e aparece um novo estado de consciência, novos poderes e faculdades inerentes àquele estado de consciência surgem automaticamente, sem nenhum esforço especial nesse sentido.

É interessante notar que o tema geral de cada uma das três Seções é indicado pelo aforismo que a inicia. A primeira Seção, que trata do método de desenvolvimento da consciência pela penetração em seus vários estados, começa com o aforismo *Caitanyam-Ātmā*. A segunda Seção, que apresenta um método baseado na utilização do Poder Divino inerente ao 'Som', começa com o aforismo *Cittam-mantrah*. A terceira Seção, que discorre sobre as relações entre consciência e mente e suas expressões simultâneas através de um Ponto, que representa a Mônada, começa com o aforismo *Ātmā-cittam*.

O estudante que estuda os *Shiva-Sūtras* de maneira superficial, confinando sua atenção ao mero sentido literal dos aforismos, sem procurar apreender o seu significado mais profundo, e na perspectiva correta de vê-los dentro do contexto do tratado completo, corre o risco de perder muitos aspectos, da mais profunda natureza e de grande interesse a todo estudioso de filosofia e psicologia. O que foi dito neste Prefácio talvez ajude os estudantes a vencer a dificuldade mencionada e a perceber não apenas o significado mais profundo de cada um dos aforismos em si mesmos, mas sua relação com a matéria sublime que o tratado procura expor: a relação entre a Consciência e o Poder Divinos e a suas expressões através do Ponto representado pela Mônada.

10/01/1975   I. K. Taimni

Seção I

SĀMBHAVOPĀYA

Realidade e Realização Supremas

Caitanyam Ātmā

Caita, a natureza da pura consciência; *nyam*, o Espírito individual no homem, geralmente referido na literatura ocidental como Mônada. A palavra sânscrita *Ātmā* é usada tanto como o Espírito Supremo que sustenta, permeia e contém todo o universo em sua infinita abarcância, como também o Espírito individual, que é essencialmente da mesma natureza do Espírito Supremo, mas que nessa Realidade ilimitada e infinita se expressa através de um ponto ou centro.

I. 1 - "A Mônada ou o Espírito individual, que é o Ser mais interno do homem, é essencialmente da mesma natureza da pura consciência ou a Realidade em seu aspecto de Consciência voltado para o exterior."

De acordo com as mais elevadas doutrinas do Ocultismo, existe somente uma Realidade Suprema, subjacente tanto nos estados manifestos como nos não manifestos do Ser. Esta Realidade é um Estado Integrado, que é imutável, indivisível, sem distinções e absolutamente além da compreensão humana, embora possa ser conhecido por percepção direta, penetrando-se e transcendendo todos os níveis da mente no reino da manifestação, assim tornando a consciência desperta para sua Real natureza intrínseca no reino do não manifesto. O Espírito individual ou *Ātmā*, como é denominado nesse aforismo, é uma expressão centralizada desta Realidade através de um ponto no qual a Realidade existe não apenas em sua natureza essencial, mas contém o Todo em forma potencial. É esse fato que explica a contínua e infinita expansão da consciência nos Espíritos individuais, e o desenvolvimento simultâneo dos poderes correspondentes à medida que a evolução prossegue e o que é potencial se torna ativo.

As diferentes Mônadas ou Espíritos individuais representam, portanto, diferentes expressões da mesma Realidade Suprema, que é um todo, indivisível e integrado através de diferentes centros de consciência – cada Centro transformando-se gradualmente em uma expressão distinta da Vida e da Consciência Divinas, de acordo com sua própria singularidade individual e desempenhando, no drama da manifestação, o papel que lhe é próprio.

Embora estes centros de Vida e Consciência Divinas, chamados *anu* nos *Shiva-Sūtras*, pareçam estar amplamente disseminados no reino do Tempo e do Espaço quando vistos de baixo, por intermédio da instrumentalidade intelecto, na verdade eles são concêntricos, enraizados no *Mahābindu*, o Grande Centro através do qual um universo manifestado sempre aparece do não manifestado e no qual continua a operar durante o período de manifestação.

Assim, portanto, esses centros são separados entre si e ao mesmo tempo não o são. No reino da manifestação, funcionam separadamente por intermédio do princípio mental e podem ser considerados como separados. No reino do não manifesto, eles estão enraizados na Realidade Única e podem ser considerados como não separados. O mistério desse paradoxo pode ser desvendado somente pela percepção direta na Autorrealização, quando a consciência da Mônada se torna centrada tanto em seu próprio centro individual quanto no Grande Centro comum.

Foi evidenciado em outros contextos que Consciência e Poder, chamados Shiva e Shakti, em sânscrito, são polaridades opostas – inseparáveis, mas tendo predominância relativa variável sob diferentes condições. Porém, no não manifesto, o aspecto Poder da Realidade Única ou Shakti é potencial, imerso no aspecto Consciência ou Shiva e indistinguível dele. É somente quando tem lugar a manifestação, depois de um período de *pralaya*, que Shakti se separa de Shiva, desce através do *Mahābindu* e cria a complexidade da manifestação através da qual a Consciência de Shiva pode funcionar e se expressar de modo crescente à medida que prossegue a evolução. Desse modo, no reino da manifestação, da consciência e do poder são sempre encontrados juntos, embora em cada organismo um ou outro predomine, segundo o estágio de evolução e as circunstâncias prevalecentes naquela particular esfera de expressão.

Pelo que acaba de ser dito, ficará claro que a experiência direta da Realidade Única em seu aspecto de Pura Consciência, sem as diversas espécies de obscurecimentos criadas por Shakti, somente é possível quando a consciência da Mônada individual, que está envolvida na manifestação, é capaz de se libertar do mecanismo ilusório criado por Shakti e, atingindo o seu próprio Centro, é capaz de emergir do outro lado do Ponto, por assim dizer. Encontra-se então no reino da Consciência Pura e pode ter percepção direta, sem obstruções, da Consciência Pura – ou o Estado Shiva – no qual Shakti está presente em forma potencial.

É esse Ponto que centraliza e limita a Consciência Pura, trazendo à atividade o princípio da Mente e criando os mundos mentais individuais, no qual a Mônada se torna aprisionada. E é por essa razão que é necessário passar através do Ponto para alcançar a Autorrealização e estabelecer-se no mundo da Realidade. Nesse elevadíssimo Estado, a Consciência da Mônada existe em contínua unificação com a Consciência universal de Shiva, adquirindo todos os atributos e poderes Divinos inerentes à Pura Consciência, e podendo preencher, dessa forma, qualquer função no universo manifestado como um Adhikāri Purusha.

A Realidade que existe acima e além do Ponto, geralmente chamada Shiva-Shakti-Tattva, é de natureza dual. Pode, portanto, ser considerada tanto positiva como negativa, ou como masculina ou feminina. No *Pratyabhijñā Hridayam*[2], é comumente referida como de natureza feminina; e é somente no último aforismo que ambas as naturezas – positiva e negativa – são mencionadas e consideradas simplesmente como dois aspectos do Estado Supremo conhecido como Shiva, o qual não é nem positivo nem negativo. Nos *Yoga-Sūtras*, por outro lado, essa Realidade é geralmente chamada *Purusha*, ou de natureza masculina; e somente no último aforismo que o aspecto dual é mencionado como Citi-Shakti.

Jñānam Bandhah

Jñānam, conhecimento; a expressão é usada tanto para o conhecimento mental quanto espiritual, mas no presente contexto é empregada para conhecimento mental. *Bandhah*, escravidão, confinamento nos mundos inferiores da ilusão.

I. 2 - "O conhecimento viciado pelas ilusões da mente é a causa da escravidão da Mônada ou *Jivātmā* nos mundos inferiores."

---
[2] *O Segredo da Autorrealização*, I. K. Taimni. Editora Teosófica. 1 Ed., 2009. Brasília-DF. (N.E.)

Para bem compreender o significado intrínseco desse aforismo, é necessário entender a natureza da mente, de onde ela se deriva, como é formada e qual a sua natureza essencial. As mais aptas e esclarecedoras respostas a essas questões são dadas de maneira bastante concisa e clara nos três seguintes aforismos do *Pratyabhijñā Hridayam*.

- *Citisamkocātmā cetano 'pi samkucita-vishvamayah*

    "O *Ātmā* ou Mônada individual é meramente uma forma centralizada ou contraída da Consciência Universal. Embora não seja mais que uma expressão de consciência, esta se encontra obscurecida pelo mundo mental limitado do indivíduo que a preenche."

- *Citir eva cetanapadād avarūdhā cetya-samkocini cittam*

    "Não é nada senão a Realidade Suprema que, descendo do estágio de pura consciência, se torna a mente individual, contraída e assimilada com as imagens de objetos presentes no campo da consciência".

- *Tat-parijñāne cittam eva antarmukhībhāvena cetanapadā-dhyārohāt citih*

    "Mas a mente individual, ao se retirar ao interior na direção de sua fonte central pela contemplação, pode ser revertida ao estado de pura consciência e, desse modo, adquirindo o conhecimento da pura consciência, tornar-se una com a própria Consciência Universal".

Esses aforismos foram discutidos em profundidade nos comentários sobre o *Pratyabhijñā Hridayam*, e não é necessário tratar deles aqui novamente. O que temos que entender claramente é que a mente individual é formada pela Consciência Universal, passando através de um centro individual, o qual centraliza a Consciência e limita o alcance de sua percepção e poderes. É esta consciência centralizada e limitada que se converte na base da mente individual, diferente e separada das mentes das outras Mônadas individuais.

Embora a consciência que constitue a base dessas mentes seja em essência da mesma natureza da Consciência Universal, ela fica repleta e obscurecida pelas imagens mentais que se acumulam na mente como resultado das experiências pelas quais o indivíduo passa no mundo de manifestação. A mente se converte, assim, em um instrumento que recolhe e armazena essas imagens mentais que obscurecem a consciência.

Estas imagens mentais são produzidas na mente, inicialmente, pelos órgãos dos sentidos e, em estado rudimentar, são chamadas sensações. Mas dessa matéria-prima, a mente elabora uma estrutura de conhecimento bastante complexa, usando os poderes de imaginação, memória, razão, etc., que também são inerentes à natureza da mente. De fato, a evolução da mente consiste na elaboração de uma estrutura de conhecimento cada vez mais complexa e sutil, como se pode ver comparando a mente de um selvagem com a de um ser humano altamente civilizado.

É necessário lembrar que, enquanto a acumulação e a elaboração de conhecimento prosseguem se processando de diferentes maneiras na mente, a consciência em sua forma pura continua sendo a base da mente, não só fornecendo o poder iluminador por trás da mente, mas sendo a própria fonte de seu conhecimento; e sem essa base de consciência integrada, o conhecimento diferenciado da mente não poderia surgir e crescer em uma extensão infinita.

Portanto, a relação entre consciência e mente é muito peculiar e de interesse fascinante ao estudante de Ocultismo, e é necessário entender completamente essa relação se quisermos empregar com eficiência a técnica do *Yoga* para recuperar a percepção de nossa Real natureza. É somente quando compreendemos devidamente essa relação que podemos conhecer a natureza do conhecimento chamado *Jñāna*, em sânscrito, e perceber também o significado do aforismo em estudo. Esta relação foi discutida extensivamente em outros contextos, especialmente em *Vislumbres da Psicologia do Yoga*, não sendo, portanto, necessário entrar nessa questão no presente trabalho. Examinemos agora a questão de como e por que o conhecimento, ou *Jñāna*, pode se tornar um instrumento de escravidão para a Mônada, que desce aos mundos inferiores da manifestação a fim de desenvolver as potencialidades Divinas ocultas em si.

A palavra *Jñāna* é usada em sentido amplo; inclui, por um lado, o conhecimento rudimentar adquirido pelos órgãos dos sentidos sob a forma de sensações e, por outro, o conhecimento supremo sobre a Realidade Última que liberta a Mônada das ilusões e limitações dos mundos inferiores da manifestação. É óbvio que no contexto do aforismo em discussão *Jñāna* aplica-se ao conhecimento mental que a mente acumula no reino da manifestação, o qual é contaminado por ilusões e limitações de vários tipos e graus. É esse tipo de conhecimento em todas as suas ramificações que aprisiona a Mônada aos mundos inferiores; e somente o conhecimento de sua Real natureza, oculto em seu interior e que é o objetivo supremo da prática do *Yoga*, que pode libertá-la desta escravidão.

Como esse tipo de conhecimento mental se converte em instrumento de aprisionamento para a Mônada é a grande questão colocada por esse aforismo. Este é um questionamento filosófico tratado de forma extensa por filósofos e instrutores religiosos hindus, e muitos aforismos dos *Shiva-Sūtras* trouxeram a ele alguns esclarecimentos. A pergunta não é fácil de ser respondida porque está ligada à natureza da relação existente entre o Supremo conhecimento da Realidade Última e o deficiente entendimento do intelecto. Não penetraremos, pois, nesse assunto em detalhe, mas apenas assinalaremos alguns poucos fatos que habilitarão o estudante a perceber a importância vital e a validade da declaração enigmática encontrada no aforismo em discussão.

Se o estudante compreendeu como o mundo mental de uma Mônada individual é formado pela centralização da Realidade Última ao passar pelo centro de consciência individual de cada Mônada e as enormes limitações impostas à essa consciência nesse processo, deveria também não ter nenhuma dificuldade em compreender como este mundo mental pode obscurecer a percepção daquela Realidade, como pode causar uma limitação tremenda dos poderes infinitos inerentes àquela Realidade, e como essas limitações preparam o terreno para a criação das ilusões objetivas e subjetivas nas quais nos envolvemos e nos aprisionamos durante o curso de nossa evolução no mundo da manifestação.

Logo, o verdadeiro problema na Autorrealização é como nos livrarmos de todas essas ilusões – grosseiras e sutis – ao livrarmos a mente dos obscurecimentos causados pelos mundos mentais criados por nós em torno do centro eterno de nossa consciência e obtendo novamente a percepção da Realidade Última, na qual verdadeiramente existimos e temos nosso ser. Isso é realizado pela rigorosa autodisciplina e pelas práticas do *Yoga*, inferior e superior, como todo sério estudante da Ciência Oculta sabe muito bem.

A autodisciplina e as práticas diferem nas diversas escolas de Ocultismo e de misticismo práticos, mas o objetivo de todas as genuínas escolas é o mesmo, isto é, a Autorrealização. O sistema de *Yoga* de Patañjali chama a esse processo *Citta-vritti-nirodha*. O *Pratyabhijñā Hridayam* se refere a ele como *Madhya-vikāsa*. Os *Shiva-Sūtras* tratam dos sucessivos estágios desse processo em vários aforismos.

Não somente os métodos de autodisciplina diferem nas diferentes escolas de Ocultismo prático como existem diferenças de pontos de vista sobre a natureza da Realidade que é por fim alcançada. Patañjali chama a esse estado *Kaivalya*, ou atingimento de Citi-Shakti (IV-34); o *Pratyabhijñā Hridayam* denomina-o a descida de Pūrnāhamtā – o Eu todo abrangente, todo poderoso. Os *Shiva-Sūtras* reportam-se a ele como a semelhança de Shiva, Shiva-Tulyatā. Essas diferenças de interpretação e apresentação são inevitáveis na descrição de uma Realidade de natureza transcendental e que somente pode ser conhecida pela percepção direta no interior de nossa consciência. Eis por que o aspirante não deve dar muita importância a tais diferenças e não ficar confuso ou desorientado por elas. Ele deve empregar todas as suas energias na prática da disciplina, pois somente ela pode garantir a realização direta da Verdade suprema.

Yoni-vargah kalā-sharīram

I.3 – "*Māyā*, classe, função e veículo da consciência, determinam a natureza do conhecimento mental (que é a origem da escravidão)."

No aforismo anterior foi indicado que o conhecimento comum ou *Jñāna*, no sentido usual é a causa da escravidão de *Ātmā*, ou Mônada individual, nos mundos da manifestação. Como é produzido o conhecimento que é a causa da escravidão? O aforismo acima tenta enumerar os quatro fatores que concorrem para produzir essa espécie de conhecimento. São eles: *yoni, vargah, kalā* e *sharīram*. *Yoni* é um termo técnico que indica *Māyā*. O universo inteiro é considerado, na filosofia hindu, como sendo o resultado de *Māyā*, ou *Prakriti*, a qual é considerada a matriz do universo manifestado. A palavra *yoni* é geralmente usada em sânscrito para indicar a origem de cada coisa, especialmente quando nasce e tem o seu desenvolvimento preliminar dentro dessa fonte, como no caso de um feto. A alma individual é concebida no seio de *Māyā*, ou *Prakriti*, e gradualmente se desenvolve em seu interior, até estar pronta para levar uma vida independente. Isso acontece quando a Autorrealização é alcançada. *Māyā* é um fator poderoso na produção de conhecimento nos mundos da manifestação, criando toda espécie de ilusões que conservam o indivíduo preso ao mundo irreal criado pela mente, em torno do Centro de Consciência.

A palavra *vargah* significa "classe". A natureza do conhecimento ilusório que aprisiona a alma depende também da classe do veículo no qual a alma está imersa. Assim, o conhecimento das entidades, nos diferentes reinos da Natureza, difere de acordo com o reino, pois a mente se desenvolve de maneiras diferentes e em graus diferentes em cada um dos reinos. Até no mesmo reino existe grande variedade de conhecimentos possuídos pelos seus membros, dependendo do ambiente em que cresceram e das faculdades práticas que desenvolveram.

Kalās, como já foi explicado em outra parte, são as diferentes funções dos vários princípios subjacentes à manifestação e que provocam numerosas mudanças, executando na Natureza diversas finalidades na evolução da vida e da forma. Tudo isso determina a qualidade do conhecimento acumulado em torno do centro de consciência. Observando tão somente o reino humano, facilmente vemos como as funções exercidas por um indivíduo afetam o seu modo de pensar e resultam na aquisição de ideias e atitudes errôneas tais como: "Eu não sou um artista", "Eu sou um sacerdote". É óbvio que o indivíduo não é nada disso. Ele é simplesmente um centro de consciência através do qual certas funções estão sendo executadas e certos objetivos alcançados temporariamente. O conhecimento oriundo das ideias e que leva a atitudes errôneas é evidentemente uma fonte de escravidão para o indivíduo porque, ao identificar-se com as funções que exerce, ele cerceia a natureza ilimitada da consciência, a qual contém em si mesma, em forma integrada, todas as funções e poderes que a elas correspondem. Tal limitação produzida pela ilusão de uma identidade separada impede o indivíduo de executar qualquer função que seja necessária no momento, o que não acontece com um indivíduo Liberto, que já destruiu todas as ilusões e se estabeleceu permanentemente no mundo da Realidade (v. aforismos III. 6, III. 35, III. 36 e III. 39). O que acaba de ser dito mostra claramente como *kalās* afeta e limita o conhecimento infinito que está oculto no interior do coração de cada ser humano e transforma o *Ātmā* em uma pessoa comum do mundo.

O quarto fator, que determina a natureza do conhecimento na mente, de acordo com o presente aforismo, é *sharīra* ou o veículo da consciência. É fácil ver como o veículo determina a natureza do conhecimento na mente. A natureza do conhecimento em criaturas pertencentes a reinos diferentes é bastante distinta. A natureza do conhecimento obtido por meio dos vários veículos do mesmo indivíduo nos diferentes planos também difere enormemente como a pesquisa clarividente tem demonstrado. Tal conhecimento se torna mais e mais sutil, aproximando-se cada vez mais do conhecimento verdadeiro, à medida que penetramos nos reinos mais profundos do ser. Não precisamos, entretanto, penetrar nesses reinos mais profundos para perceber o fato. Mesmo no plano físico podemos ver como o veículo determina, em grande extensão, a natureza do conhecimento adquirido por uma pessoa.

A interpretação ortodoxa deste *sūtra* é muito difícil. Por isso apresento uma interpretação mais simples que pode ser facilmente entendida por qualquer pessoa. Este aforismo é de mero interesse acadêmico e não de importância vital para o aspirante.

Jānādhisthanam mātrikā

I. 4 – "A base estrutural sutil de todos os tipos de conhecimento que aparecem na mente são os poderes específicos presentes nos sons que correspondem às letras do alfabeto, ou outros modos de movimento."

Este aforismo é de grande significação e de importância fundamental, encerrando uma verdade sobre a qual até os mais sérios estudantes de filosofia podem não ter a menor ideia. Que o universo manifestado em sua totalidade seja, em última análise, baseado no 'Som' ou em movimentos de variedade infinita é uma ideia com a qual os estudantes da doutrina Oculta, em sua maioria, já estão familiarizados, mas a proposição de que cada tipo de conhecimento, em seus menores detalhes, tem base num 'Som' específico, ou classe particular de vibração ou modo de movimento, causará surpresa e dificilmente será acreditado por muitos estudantes. No entanto, essa verdade é meramente o corolário da verdade mais ampla e abrangente, de acordo com a qual o universo manifestado tem base no 'Som'. Segundo a doutrina Oculta, só existe Uma Realidade na existência. No imanifestado esta Realidade existe em forma integrada, que é um todo, perfeito e indivisível. Quando manifestada, porém, uma modificação tem lugar nesse estado único acima referido e esta mudança consiste no aparecimento de um distúrbio, que pode ser definido como uma espécie misteriosa de 'Som'. Este som não é o mesmo som físico que conhecemos, embora o som físico seja uma expressão parcial e limitada do mesmo, no nível inferior da manifestação. O 'Som' fundamental, que emerge do imanifestado e se torna a base do universo manifestado, possui um caráter único e oniabrangente, como se deduz do fato de toda a infinita variedade de fenômenos encontrados na manifestação estarem enraizados nele e baseados nele. É um estado integrado e a infinita variedade de fenômenos são meramente a impressão por ele produzida na mente quando está presente em suas formas diferenciadas.

    Outra doutrina Oculta que devemos lembrar, ao tentarmos compreender o significado mais profundo do presente aforismo, é que a base de todo o universo total, que percebemos através da nossa mente, é de natureza mental e seus fenômenos são apenas modificações da consciência aparecendo como diferentes estados da mente, imagens mentais e todos os tipos de conhecimentos concernentes aos objetos e princípios em existência no reino da manifestação. Até mesmo as coisas externas com que lidamos no plano físico, e que nos parecem tão tangíveis e materiais, são também basicamente de natureza mental. Não existe, na verdade, base material no universo, fato que as recentes descobertas da Ciência facilmente corroborarão. De acordo com estas descobertas, o que aparece e é considerado como sendo matéria nada mais é do que energia condensada, e a relação entre os dois está contida na famosa fórmula de Einstein: $E = mc^2$. Porém a energia não pode existir em um vazio, embora isso pareça possível. Os ocultistas sabem que ela existe na mente e se deriva da consciência.

Como foi dito anteriormente, quando começa a manifestação o distúrbio que é criado no imanifesto toma a forma de uma espécie única de 'Som', sendo esta unicidade devida ao seu estado integrado. Mas, considerando o estado diferenciado deste 'Som', que encontra expressão em um número infinito de fenômenos no reino da manifestação, surge a pergunta: "Qual é a relação entre os estados diferenciados e as combinações de sons e fenômenos mentais que eles podem provocar? São eles produzidos ao acaso, sem que exista nenhuma relação definida entre ambos?" Não. De acordo com a doutrina Oculta, cada fenômeno observado pela mente é baseado em uma definida e específica combinação de sons diferenciados. Esta relação é precisa e de natureza matemática porque o som é uma vibração e tem uma base matemática. Portanto, nós temos dois mundos: o mundo da mente e o mundo do som, existindo lado a lado, na mais íntima e exata relação. O mundo da mente é subjetivo por natureza e tem raízes na Consciência ou Shiva-tattva da filosofia hindu. O mundo do Som é objetivo por natureza e tem raízes no Poder Divino, ou Shakti-tattva. Cada aspecto ou expressão de um relaciona-se matematicamente aos aspectos e às expressões correspondentes do outro, combinando-se harmoniosamente para formar um Todo Perfeito.

São essas combinações de sons que formam a base dos estados mentais e dos fenômenos que, em sua totalidade ou estado integrado, são chamadas *mātrikā* no aforismo em estudo. *Mātrikā*, pode ser definido como o Poder Divino expressando-se como 'Som' e podendo tomar a forma de uma infinita variedade de vibrações ou modos de movimento.

O fato de *mātrikās* estarem na base do conhecimento mental é parcialmente corroborado pelas nossas experiências comuns. A relação das sensações, que constituem uma forma elementar de conhecimento com vibrações físicas de luz, som, etc., mostra, numa esfera limitada, que o conhecimento é baseado no 'Som', sendo esta uma relação matemática, porque a vibração pode ser medida com exatidão por seu comprimento de onda e representada por uma fórmula matemática. A transferência de pensamento, fato já experimentado, também prova que o conhecimento é baseado no 'Som' ou vibração porque, no estágio de intermediário de transmissão, o pensamento existe apenas sob a forma de vibração e é somente quando esta vibração atinge a mente do recipiendário que o conhecimento correspondente é produzido em sua mente.

No estado imanifesto todas estas vibrações existem em forma integrada e é somente quando um mundo manifestado vem à existência que elas aparecem em uma forma diferenciada, combinando-se de inumeráveis maneiras para produzir objetos no mundo manifestado. Elas estão assim enraizadas no Poder Divino e constituem suas expressões no mundo da manifestação. Mas, essa expressão do Poder Divino como Energia, subsequentemente se condensa de diferentes maneiras para formar os objetos do mundo objetivo, primeiro começa como 'Som' integrado – chamado *Nāda* – que depois se diferencia em inúmeras espécies de vibrações e modos de movimento.

O 'Som' integrado, do qual provêm todos os outros sons diferenciados, é a primeira derivação do Poder Divino e é por esta razão que é chamado a base do universo manifesto. Por essa mesma razão o Poder Divino é também chamado a Mãe do universo. As formas diferenciadas deste Poder, por cujo auxílio a Vontade Divina é realizada no mundo da manifestação, são as *mātrikās* mencionadas neste aforismo. De fato, a palavra sânscrita *mātrikā* significa "mães" e se refere às formas diferenciadas do Poder Divino que é uno e integrado.

O mundo da Realidade que está acima do universo manifesto, mas coexiste com ele e, de forma misteriosa, o contém em si mesmo, está acima do reino do som, embora seja a fonte do som integrado que aparece antes da manifestação ocorrer. O Mundo Real é um estado integrado, no qual, por sua própria natureza, nenhuma perturbação, destruição ou vibração pode estar presente. No imanifesto o aspecto Poder da Realidade, chamado Shakti na filosofia hindu, está presente em forma potencial, fundido na Consciência Suprema denominada Shiva.

É somente quando a manifestação está prestes a ocorrer que o aspecto Poder se separa do estado integrado Shiva-Shakti-tattva, aparece como 'Som' e, pela diferenciação e condensação de um infinito número de vibrações derivadas do 'Som', forma a base do universo manifesto. Cada parcela de conhecimento que surge na mente é não apenas baseada numa combinação específica de vibrações ou modos do movimento, mas mantém com essa combinação uma relação matemática, como foi explicado no livro *O Homem, Deus e o Universo*, no capítulo denominado "A Matemática como Base da Manifestação".

Pelo que acaba de ser dito vemos por que é necessário suprimir e eliminar qualquer expressão de Poder antes que possamos ter a percepção direta do estado de pura Consciência chamado estado de Shiva e firmarmo-nos no mundo da Realidade. Toda a Ciência do *Yoga* pode, de um certo ponto de vista, ser considerada como um método sistemático e científico de fazer voltar ao estado potencial o aspecto poder, que então se fundirá com a consciência, e a pura Consciência poderá ser experimentada sem os obscurecimentos causados pelo Poder ativo. Na terminologia *Sāmkhya*, o fenômeno é definido como a separação do *Purusha* de *Prakriti*, ficando o *Purusha* em seu *Svarūpa* (*Yoga-Sūtras* I. 3).

Udyamo bhairavah

I. 5 – "O imenso esforço e a energia requeridos para a manifestação de um universo provêm da Vontade Divina de Shiva, a Consciência Universal, e aparece inicialmente através do *ākāsha* sob a forma de *Nāda*, o 'Som' integrado, do qual são derivados todas as formas de vibração e modos de movimento no reino da manifestação."

O aforismo precedente enfatiza que todo conhecimento no reino da manifestação é baseado na vibração ou outros modos de movimento. Deve haver, portanto, na base do universo manifesto, uma fonte estupenda de Energia, da qual deriva a variedade infinita de vibrações, modos de movimento e forças que operam no universo. Tal fonte deve, necessariamente, conter essa Energia em forma potencial e integral, de sorte que *qualquer* espécie de vibração ou modo de movimento possam brotar dela quando solicitados, em qualquer esfera da manifestação e a qualquer tempo. Essas vibrações e espécies de movimentos formam, como já foi explicado, a base objetiva do universo manifesto e produzem nas mentes de todas as criaturas vivas os estados mentais correspondentes e as formas de conhecimento que, em sua totalidade, constituem o aspecto subjetivo do universo manifesto.

Considerando a variedade infinita e a quantidade de estados mentais e espécies de conhecimentos existentes no universo manifestado, tanto nos mundos visíveis como nos invisíveis, podemos formar uma ideia da natureza formidável desse 'Som' potencial e integrado chamado em sânscrito *Nāda* ou *antah spanda*. É por isso que ele é referido como Bhairava, que significa: tremendo, formidável ou terrível. Shiva, a Consciência Universal, subjacente à manifestação, algumas vezes também é chamado Bhairava, obviamente porque esse estupendo fluir de Energia primordial, ou Poder, é o resultado da ação de Sua Divina Vontade de gerar um período de manifestação (*shrsti*) depois de um período de *pralaya*. É quando Ele quer que o Divino Poder fundido em Sua Consciência no Imanifesto se separa dessa Consciência e cria a formidável quantidade de Energia requerida para pôr em movimento a estrutura do sistema manifestado.

É interessante notar que o 'Som' é uma propriedade do *ākāsha* ou espaço, e assim esse *Nāda* ou 'Som' deve residir, ou ter sua origem, no *ākāsha*, o Princípio ou Elemento Cósmico primordial, do qual os outros quatro Elementos Cósmicos ou Princípios são derivados e o universo manifestado é feito. É muito conhecida uma doutrina Oculta de que a Realidade existe e funciona no Espaço e que *Mahākāsha*, ou o Grande Espaço, é a morada da Realidade suprema, ou Absoluto. Esse fato foi expresso muito adequadamente no aforismo II. 5 dos *Shiva-Sūtras*, onde o Estado Supremo referido como Shiva é chamado de *khecarī*. Discutiremos essa questão em maior detalhe quando estudarmos o referido aforismo.

Podemos imaginar Bhairava como o Sol da Energia Divina, do qual todas as espécies de energias necessárias à manifestação de um sistema são continuamente irradiadas. Isso não é diferente das irradiações de vários tipos de energias físicas provenientes do Sol, que é o centro e o doador de vida de um sistema solar. De fato, o Sol físico é provavelmente um centro que é um reflexo e um instrumento, no plano físico, do Sol Universal da Energia Divina denominada Bhairava o qual, após receber o poder daquela fonte, transforma-o de acordo com as necessidades específicas do sistema solar.

O uso dos termos *udyama* e *bhairava*, que sugerem "intensidade" e "natureza tremenda" respectivamente, não nos deve levar a supor um estado de grande tumulto e desarmonia. Porque essa fonte de energia fundamental e integrada, embora tremenda e de força de inimaginável intensidade e Poder, reside na Consciência de Shiva, que é Shānta e tem, por verdadeira natureza, paz e harmonia. Nos mundos inferiores, as expressões de poder e intensidade são, geralmente, acompanhadas de perturbações e desarmonias, devido à falta de controle completo e de adequada coordenação das diferentes forças que são postas em movimento. Mas a Consciência Divina é perfeita e onipotente, por isso poder e intensidade podem nela coexistir com paz e harmonia. Não somente podem coexistir como também é impossível qualquer espécie de perturbação ou desarmonia nos níveis mais profundos daquele Estado Supremo. O que quer que exista naquele Estado, ou nele penetre, dada à própria natureza do mesmo, deve ser transformado em um estado de perfeita harmonia e paz.

Até mesmo na vida comum vemos que onde quer que exista perfeita coordenação, ajustamentos apropriados e regulagem das várias espécies de forças, embora estas sejam de natureza formidável, sempre está presente um inefável estado de harmonia e ausência de perturbações de qualquer tipo. Encontram-se em alguns aforismos da Terceira Parte dos *Shiva-Sūtras* indicações sobre o modo como as perturbações aparentes na superfície da consciência podem coexistir com a perfeita paz e percepção da Realidade nos níveis profundos em se tratando de seres Liberados.

Shakti-chakra-samdhāne vishvasamhārah

I. 6 – "Pela contemplação no Centro, através do qual o Poder Divino desce e produz a manifestação de um universo, a consciência reverte ao seu puro estado original e assim o universo – como um fenômeno mental separado – desaparece."

Já foi dito que a fonte e a base de todo o universo manifestado, existindo em diferentes graus de sutileza, é a vibração integrada ou 'Som', denominada *Nāda* em sânscrito. *Nāda* é, assim, a expressão inicial do Poder Divino quando este se separa da Divina Consciência, no imanifesto, para a manifestação de um universo, sendo projetado através do *Mahābindu* ou o Grande Ponto. É somente depois de haver descido através deste ponto, sob a forma de *Nāda* e em consequência da diferenciação desta vibração integrada, que o Poder Divino pode assumir o número infinito de formas, energias, vibrações e modos de movimentos que estão na base do universo manifestado e que, em seu conjunto, são denominados *mātrikā* em um aforismo anterior.

Portanto, do que foi dito, ver-se-á que o Grande Ponto é uma espécie de limiar separando o mundo da Realidade no imanifesto, do mundo irreal existente nos diversos planos do reino da manifestação. Num lado desse limiar existe a Realidade Única, Completa, Perfeita e Integrada; e no outro lado está o mundo manifesto com a infinita variedade de fenômenos a qual nos referimos como o universo, ou *vishva* em sânscrito.

Se quisermos entender claramente o profundo significado do aforismo em discussão, deveremos observar que o Grande Ponto através do qual *Shakti* desce do imanifesto e cria o universo manifesto, não é apenas o Centro de onde o universo mental é projetado, não é apenas a fonte do poder que energiza a estrutura deste universo, mas é também um Ponto de onde o universo manifesto pode ser visto em sua forma verdadeira como um fenômeno que se processa na Consciência Universal de Shiva. Somente um indivíduo é capaz de elevar a própria consciência a esse nível, por meio da contemplação e, por assim dizer, ser capaz de ver o universo através do Grande Ponto, podendo compreender a natureza fenomenal de todo o universo manifestado, do mais baixo ao mais alto nível, e assim, libertar-se inteiramente da Grande Ilusão que nos mantém atados e aprisionados dentro deste universo.

Embora os parágrafos antecedentes indiquem, de maneira geral, o significado profundo do presente aforismo, é necessário analisar um pouco mais as conotações particulares de alguns dos termos sânscritos usados neste contexto.

Shakti-Chakra – Quando a manifestação tem lugar depois de um período de *pralaya*, através do Grande Ponto, e os diversos *tattvas* ou princípios descem do Imanifesto para desempenhar várias funções no reino do manifesto, cada um daqueles princípios tem o seu próprio centro particular através do qual suas forças e poderes descem e penetram nos vários organismos para executar suas respectivas funções. Cada diferente sistema manifestado ou organismo vivo está provido desses ocultos e misteriosos centros, sejam tais organismos de natureza macrocósmica ou microcósmica. Cada um desses centros, chamados de *chakra* em sânscrito, é uma porta para a descida de forças e poderes do nível mais elevado e para que a consciência se mova para cima e para baixo entre os planos inferiores e superiores.

Já que o corpo físico e também os corpos sutis constituem uma representação e expressão microscósmica do universo como um todo, eles também devem possuir tais centros para a transmissão de toda a espécie de energias e forças e para a transferência da consciência de um plano para outro. Realmente assim é, como sabem todos os ocultistas, embora os cientistas não tenham a menor noção desta verdade de grande valor, que é da maior importância para todos os seres humanos.

Chama-se *Shakti-Chakra* o Grande Centro coincidente com o Grande Ponto, através do qual o Poder Divino ou *Shakti* desce como um todo a fim de criar, manter e reabsorver o universo na Consciência de Shiva ao tempo do *pralaya*. Quando o Poder Divino desce para essa finalidade ele cria, mantém e reabsorve o universo através da instrumentalidade dos cinco Elementos Cósmicos, cujas importantes funções são entendidas pela vasta maioria dos estudantes da doutrina Oculta de maneira muito imperfeita. Não é necessário examinarmos aqui esta difícil questão. Tudo o que o estudante tem de anotar cuidadosamente é que é esse universo fenomênico, criado pelo Poder Divino, que provê o campo para a evolução das Mônadas e outras formas de vida de níveis mais baixos.

Samdhāna – A palavra sânscrita *samdhāna* é usada com frequência nos *Shiva-Sūtras* e, embora o seu significado comum seja a investigação sobre a verdade de qualquer fato da existência, ela tem um sentido muito mais profundo nos aforismos dos *Shiva-Sūtras* e é usada, praticamente, da mesma maneira que o termo técnico *samyama* no terceiro capítulo de *A Ciência da Yoga*.[3] Nos mais elevados estágios de meditação, quando a realidade de qualquer fato da

---

[3] *A Ciência do Yoga*, I. K. Taimni. Editora Teosófica. 5 Ed., 2011. Brasília-DF. (N.E.)

existência, ou princípio, tem que ser conhecido, o *Yiogi* passa pelo processo tríplice de *dhāranā, dhyāna* e *samādhi* até que a sua consciência se torne una com aquela realidade e a percepção direta da verdade subjacente àquela realidade ocorra dentro dos níveis mais profundos de sua própria Consciência. Este tríplice processo é chamado *samyama*, e *samdhāna* tem praticamente o mesmo significado nos aforismos dos *Shiva-Sūtras*.

Samhārah – A palavra sânscrita *samhārah* geralmente significa destruição, mas no aforismo dos *Shiva-Sūtras* é usada num sentido mais sutil, e isso tem que ser compreendido se não quisermos ser completamente desviados ao tentar entender o verdadeiro significado desses aforismos profundos. De acordo com a Doutrina Oculta, quando um universo vem à existência, depois de um período de *pralaya*, não se trata de "criação" no sentido comum da palavra. Trata-se de uma projeção para fora, em condição manifestada, daquilo que estava presente em misteriosa forma latente, no reino do Imanifesto. Da mesma forma, quando chega o tempo de *pralaya*, não é realmente uma "destruição" o que acontece com o universo manifestado, mas uma reabsorção na suprema e eterna Consciência de Shiva durante o seguinte período de *pralaya*. O termo *samhārah* deve, portanto, ser interpretado, no presente contexto, como a reabsorção ou assimilação na Realidade subjacente ao mundo fenomênico, e que inclui dentro de si mesma em um abraço infinito, tanto o manifesto quanto o Imanifesto.

Isso mostra como aqueles indivíduos que se tornaram Liberados ou *Jīvanmuktas* não vivem num estado de vazio quando, ao atingirem a Iluminação, o universo ilusório dos fenômenos desaparece. Continuam a ver o mesmo universo em existência, mas agora o veem como expressão da Realidade Una, não separado ou diferente, porém uma parte integrante dela, devido à atividade da Mente Divina.

A distinção entre o Real e o irreal desaparece, e é essa percepção, sem a presença de *bheda-bhāva*, que distingue a percepção do homem comum ainda preso à ilusão, da percepção de um *Mahātmā* autorrealizado.

Jāgrat-svapna-susupti-bhede turyābhoga – (samvit) sambhavah

I. 7 – "Transpassando os três estados inferiores de consciência (*Jāgrat*, *svapna* e *susupti*), a consciência torna-se capaz de expandir-se até o quarto estado, do qual se derivam os três inferiores."

Foi dito no Prefácio que o desenvolvimento da consciência e os métodos adotados para essa finalidade, no caminho do *Yoga*, dependem da evolução do indivíduo. Os três Capítulos dos *Shiva-Sūtras*, embora esclareçam os aspectos diferentes desses problemas como um todo, também procuram tornar evidente que indivíduos, em diferentes estágios de evolução, desenvolvem a própria consciência de maneiras diferentes, e que métodos que são adequados, no caso de um indivíduo de alto desenvolvimento espiritual, talvez não se apliquem àqueles que ainda se acham nos degraus inferiores da escada evolutiva.

A primeira Seção, chamada *Shāmbhavopāyah*, trata, de um modo geral, do método de desenvolvimento da consciência no caso de um indivíduo já altamente evoluído espiritualmente, e por isso, na presente encarnação só tem de contatar os estados de consciência mais elevados, nele já completamente desenvolvidos. É natural que, em tal caso, o desenvolvimento dos elevados estados de consciência seja não somente rápido e fácil, mas também que sejam alcançados por métodos inatingíveis pelo *sādhaka* comum no caminho do *Yoga*. Assim, o *Yogue* altamente avançado tem apenas que dirigir a própria atenção na direção dos reinos internos da consciência e fazer uma tentativa para meditar, e a sua mente fácil e naturalmente passa a um estado de contemplação e começa a entrar em contato com os reinos mais profundos do ser. Isso acontece porque o conhecimento espiritual já existe suficientemente desenvolvido dentro dele, e simplesmente é uma questão de trazê-lo à luz por um método eficiente.

Não só é fácil para ele desenvolver estados superiores de consciência, pelas razões dadas anteriormente, como ainda, havendo já estabelecido contato íntimo e relações com a Divina Consciência dentro dele em vidas passadas, ele conquistou o direito de invocar o Poder daquela Consciência que pode trazer rápido desenvolvimento. Este Poder começa a descer dos níveis superiores de modo sempre crescente e produz mudanças e transformações, algumas vezes da maneira mais inesperada.

Porém a potencialidade para o tal desenvolvimento rápido e a relação profunda estabelecida com a Vida Divina dentro dele devem estar presentes para que se realize esse tipo de rápido desenvolvimento dos poderes e da consciência. Simplesmente adotar métodos eficientes no caso de almas muito avançadas, não leva a nenhum resultado tangível se não existir a potencialidade para isso. Em tal caso, um método mais modesto, embora considerado menos eficiente, será preferível e trará provavelmente melhores resultados. A Ciência do *Yoga* possui em seu arsenal técnicas de todos os tipos, apropriadas para os aspirantes individuais com temperamentos e potencialidades diversos e aqueles que guiam os destinos dos indivíduos e da humanidade em conjunto dirigem o aspirante sincero e humilde ao indivíduo ou método indicados ao seu caso particular.

O aforismo em estudo ilustra de maneira notável a verdade do que foi dito acima. O método comum do *Yoga*, exposto nos *Yoga-Sūtras* de Patañjali, procede passo a passo dos estágios mais inferiores de desenvolvimento mental e, pelo aprendizado do controle e manejo das atividades da mente, habilita o *sādhaka* a alcançar *citta-vritti-nirodha* e a Autorrealização. Embora a consciência seja a base de todos os processos mentais e a força diretora por detrás da disciplina mental, ela permanece oculta assim como o seu esplendor e natureza oniabarcante, que é verdadeiramente o *vibhūti* ou magnificência do estado de Shiva, somente é experimentada quando a mente é transcendida e a consciência individual se estabelece em sua própria natureza fundamental e essencial, como afirma o aforismo I. 3 dos *Yoga-Sūtras*.

Mas existe um método de *Yoga* em que o *sādhaka* espiritualmente desenvolvido pode começar a desenvolver a sua consciência e por fim atingir a Autorrealização relacionando-se diretamente com sua própria consciência e ultrapassando os seus diferentes níveis. É deste método que trata o presente aforismo. Já que o nome Shiva se refere à consciência universal que é a base do universo manifestado e constitui a raiz de todas as expressões da Consciência, este método direto de atingimento da Autorrealização e de tornar-se estabelecido na Realidade Única pela penetração nos diferentes níveis da consciência é chamado, às vezes, de *Shiva-Yoga*. Como já foi assinalado acima, ele pode ser usado somente pelos que já são espiritualmente maduros e assim habilitados a tomar esse atalho em direção ao mundo da Realidade que existe dentro do universo manifestado e que é a sua base.

A questão concernente aos quatro estados de Consciência e ao que eles significam foi estudada detalhadamente num capítulo do livro *Vislumbres da Psicologia do Yoga* e não é necessário, agora, voltar ao assunto em detalhe. O que o estudante deve observar é que é possível para o aspirante adequadamente qualificado penetrar esses diferentes estados ocultos no interior da sua própria consciência desperta, e entrar em contato direto com a consciência universal de Shiva, da qual eles são uma expressão parcial e centralizada.

Os nomes destes quatro estados de consciência são bem conhecidos: *jāgrat, svapna, susupti* e *turīya*. Os três primeiros funcionam no reino da manifestação, ao passo que *turīya* ou "o Quarto Estado" está além do reino da manifestação. Os três próximos aforismos indicam, até certo ponto, a natureza dos três primeiros estados de consciência, porém deve-se ressaltar que, no presente contexto, as palavras usadas para os três estados têm um sentido muito mais amplo. No capítulo sobre "Os Quatro Estados de Consciência", mencionado acima, as palavras foram usadas tendo em vista a consciência limitada de um indivíduo comum, mas aqui elas indicam a natureza essencial de cada um dos estados em seu aspecto universal, não apenas no plano físico, mas em todos os planos da manifestação.

Deve também ser lembrado que o método direto de penetração através dos diversos níveis de consciência e alcançar a Autor-realização é baseado na meditação ou *Shakti-Chakra* mencionada no aforismo anterior. A Consciência se diferencia em vários estados passando pelo *Mahābindu*, porém, quando a direção é invertida, ela volta ao estado integrado e se reestabelece no mundo da Realidade, mencionado como "o Quarto Estado" ou *Turīya avasthā*. O mundo manifestado é então visto como parte integrante da Realidade Única e a distinção entre imanifesto e manifesto desaparece.

Consideremos agora cada um dos três estados que são apresentados nos três aforismos seguintes e vejamos o que está implícito neles no sentido mais amplo.

Jñānam jāgrat

I. 8 – "*Jāgrat* ou consciência de vigília compreende, no seu sentido mais amplo, todo o conhecimento obtido quando o Eu subjetivo está em contato direto com o mundo ao seu redor, seja em que plano for."

O estado de consciência denominado *jāgrat* é comumente considerado como sendo o estado de consciência de vigília no plano físico. Se aplicarmos a mesma conotação também aos planos suprafísicos, o estado *jāgrat* será, em qualquer plano, o estado no qual a consciência está centrada e com cujos objetos ela está em contato direto. Mas, no presente aforismo, o significado é ainda mais extenso, pois abrange todos os planos do universo em sua totalidade e considera a expressão da consciência em qualquer desses planos como a expressão da Consciência Universal através de um determinado Centro *Átmico*, em um determinado plano, num determinado tempo.

Note-se que, qualquer que seja a natureza do conhecimento, quer seja obtido por contato direto da mente com o mundo objetivo, quer pelo pensamento puro sem nenhum contato com o mundo externo, o poder iluminador da Consciência *Átmica* está sempre por trás da mente na qual o conhecimento está presente, em qualquer tempo dado. A consciência que se irradia do Centro *Átmico* através todos os planos da manifestação não somente provê o poder irradiante e iluminador para o trabalho da mente em qualquer plano, mas também comunica significado àquilo que se acha presente na mente sob a forma de conhecimento. Este significado será, naturalmente, variável de indivíduo para indivíduo de acordo o seu grau de evolução e sua formação mental, mas sua fonte é sempre a luz da consciência irradiando de *Ātmā*.

O aspirante deve também se colocar em guarda ante as ilusões inerentes até mesmo ao conhecimento sensorial obtido pelo contato direto da mente com o mundo objetivo. Tal conhecimento, embora direto e aparentemente merecedor de confiança, está eivado de sérios defeitos e grosseiras ilusões. As peças que nos pregam os nossos órgãos dos sentidos e as ilusões evidentes, inerentes a tal tipo de conhecimento, tornam óbvio que os conhecimentos baseados na razão são muito mais dignos de confiança. A própria Ciência reconhece atualmente a natureza ilusória e enganosa do conhecimento sensorial e confia cada vez mais no conhecimento baseado na razão, como Einstein provou conclusivamente com a sua Teoria da Relatividade. A percepção direta das "realidades" contidas em consciência no estado de Iluminação não deve ser confundida com a percepção direta dos "objetos" pela mente, com ou sem o auxílio dos órgãos dos sentidos.

Svapno vikalpāh

I. 9 – "*Svapna* ou estado de sonho da consciência, no seu sentido mais amplo e filosófico, compreende todo conhecimento presente na mente quando o Eu subjetivo está exercendo uma atividade mental separada do mundo objetivo que o cerca."

As duas palavras sânscritas que compõem o aforismo acima

possuem um significado profundo e foram usadas em seu mais amplo sentido. A palavra *svapna*, que se refere ao estado de sonho da consciência, significa para o homem comum a atividade caótica da mente quando sonha dormindo. Mas este não é o sentido em que ela é empregada no presente contexto. Ela se refere a todas as atividades da mente nas quais não há contato com o mundo exterior por meio dos órgãos dos sentidos ou que não dependem de tal contato. Quando um matemático está resolvendo mentalmente um problema da sua especialidade, quando um novelista está escrevendo uma história, eles estão empenhados em uma atividade mental que não requer nenhum contato com o mundo externo e, do ponto de vista desta filosofia, a consciência dessas pessoas está no estado de *svapna*. É verdade que, em tal caso, as imagens mentais derivadas do contato com o mundo externo podem estar presentes na periferia de suas consciências, mas são irrelevantes para a atividade a que se dedicam no momento. É evidente que a feição característica do estado de *svapna* é a ausência de contato ou dependência em relação ao mundo externo para a atividade mental exercida pelo indivíduo. O que acaba de ser dito aplica-se à atividade mental não apenas no mundo físico, mas em todos os planos da manifestação.

O termo sânscrito *vikalpa* também não foi usado neste contexto em seu sentido usual. Geralmente *vikalpa* significa a atividade mental que é caracterizada pela dúvida, incerteza e alternação de estados mentais quando se considera os "prós" e os "contras" de um problema. Aqui, *vikalpa* significa todas as espécies de atividades mentais que são exercidas de maneira independente pela mente, sem contato com o mundo externo por meio dos órgãos dos sentidos. Estas atividades podem ir do devaneio comum ou sonho acordado até a atividade intensa da mente na meditação visando alcançar o estado de *Samādhi*.

Tal emprego amplo da palavra *vikalpa* é perfeitamente aceitável, pois no *Pratyabhijñā Hridayam*, aforismo XVIII, encontramos *vikalpa-ksaya* prescrito como um dos meios importantes para o desenvolvimento das potencialidades Divinas, ocultas no Centro de Consciência. Aqui, a expressão é usada obviamente num sentido muito amplo e corresponde aproximadamente à frase *citta-vritti-nirodha* no aforismo I. 2 dos *Yoga-Sūtras*.

Aviveko māyā sausuptam

I. 10 – "*Susupti* ou o estado sem sonhos da consciência compreende, em seu mais amplo sentido filosófico, todo o conhecimento contido no reino da mente, porque é baseado na ausência de percepção da Realidade Única causada por *Māyā*."

A natureza essencial de *aviveka*, ou ausência de *viveka*, é a ausência de autopercepção. No caso do sono profundo comum, chamado *susupti*, a ausência de autopercepção deve ser interpretada como a falta de percepção do eu, que sempre está mais ou menos presente em todas as espécies de experiências nos estados de consciência *jāgrat* ou *svapna*. No caso de *aviveka* em seu mais alto significado, como é usado no presente aforismo, essa ausência de percepção se refere à nossa natureza Real que é característica de toda a vida ilusória no reino da manifestação. Este último caso, que representa o mais sutil de todos os exemplos de falta de Autopercepção e caracteriza todos os indivíduos que ainda não chegaram à Autorrealização, é causado por *Māyā*, a Grande Ilusão, a qual priva a Mônada da percepção de sua própria natureza Divina, tornando assim possível a sua evolução nos mundos inferiores. Essa Ilusão persiste até que as potencialidades Divinas da Mônada estejam adequadamente desenvolvidas e o conhecimento da verdadeira natureza Divina é por ela recuperado na Autorrealização. Quando a natureza espiritual de um indivíduo começa a desenvolver-se, o *viveka* espiritual começa a se desenvolver de forma crescente, e ele se torna capaz de perceber cada vez mais facilmente as ilusões e fascinações da vida mundana. Porém o processo se completa e a influência de *Māyā* desaparece totalmente somente na Autorrealização.

Novamente aqui vemos que a palavra sânscrita *susupti* é usada em um sentido muito sutil. Nesta conotação não significa realmente o estado comum do sono sem sonhos, que qualquer pessoa normal experimenta todas as noites. Este *Susupti* comum é um estado de consciência no qual não só não existe na mente nenhum conteúdo ou *pratyaya*, como acontece em *jāgrat* ou *svapna*, mas também não existe a percepção do eu, mais ou menos presente naqueles dois estados.

Por que o estado de *aviveka* (não discernimento), que caracteriza a vida humana comum, é comparado ao estado *susupti*? Porque o conhecimento da mente, qualquer que seja a sua natureza, é ilusório do ponto de vista mais elevado e, portanto, irreal. E também porque consiste na ausência da percepção da nossa natureza Real, ou do Eu com letra maiúscula. Vivemos a vida inteira completamente *inconscientes* da nossa natureza Real, mesmo quando pensamos e estamos convencidos de que somos de natureza essencialmente Divina. Que o estudante sério pondere sobre esta profunda verdade.

Tritaya-bhoktā vīreshah

I. 11 – "Aquele em cuja consciência todos estes três estados se tenham fundido em um único estado integrado pode exercer todos os poderes dentro do reino limitado da manifestação."

Para compreender o significado verdadeiro deste aforismo é necessário primeiro recordar algumas doutrinas Ocultas fundamentais. A primeira é que a Consciência Universal é a base da manifestação, e os universos manifestados, na eterna alternação de *shristi* e *pralaya*, são o resultado da Ideação Divina que tem lugar nesta Consciência Universal.

A segunda doutrina a ser lembrada é que, antes de sua consciência ser capaz de unir-se com a Consciência Suprema, é necessário ao indivíduo compreender que é ele um espírito *puro* ou um centro de consciência individual na Consciência Universal e não os corpos em que o Espírito individual está involucrado. Para isso ele deve trilhar o caminho do *Yoga* até que, passo a passo, tenha transcendido por completo todo o mecanismo da manifestação na qual a sua consciência está envolvida e aprisionada e tenha compreendido por experiência direta que ele não é mais do que um centro de pura consciência e que o mecanismo mental, no qual está envolvido, é somente um meio e um instrumento através dos quais a Consciência e o Poder Divinos descem, tornando a consciência individual capaz de funcionar no mundo da manifestação, em todos os planos. Quando se alcança esse estado, a consciência se liberta de todas as ilusões e limitações do mundo manifestado exceto uma: a ilusão de uma identidade separada, a consciência de ser um indivíduo, embora de natureza puramente espiritual e distinta do mundo de manifestação onde se acha mergulhado. Essa é a libertação do *Purusha* em relação a *Prakriti*, chamada *Kaivalya* na filosofia *Sānkhya*.

Somente quando a realização de ser um puro Espírito ou *Ātmā* foi alcançada é que é possível chegar à meta final de união do *Ātmā* com o *Paramātmā*, o Espírito Supremo que existe eternamente além do universo manifestado e do qual deriva o universo manifestado. Quando essa realização final for atingida e a união de *Ātmā* com *Paramātmā* for consumada, não apenas há um perfeito compartilhar da consciência entre os dois, como também do Poder infinito inerente à Consciência Universal.

Este aforismo se ocupa somente com o estado em que o indivíduo percebeu a si próprio como um puro Espírito ou *Ātmā* individual e, assim, ganha todo o conhecimento e poder inerentes ao Centro individualizado da Consciência Espiritual, referidos como onisciência e onipotência no aforismo III. 49 dos *Yoga-Sūtras*. No seguinte e último estágio no qual este sutilíssimo centro de egoísmo é também dissipado, dá-se a perfeita união de *Ātmā* com *Paramātmā*, e a Consciência e o Poder se tornam infinitos como é mencionado nos aforismos III. 25 dos *Shiva-Sūtras* e IV. 31 dos *Yoga-Sūtras*.

À onisciência e à onipotência limitadas, que resultam da realização do indivíduo como um ser puramente espiritual, como dissemos antes, segue-se a fusão dos três estados de Consciência – *jāgrat*, *svapna* e *susupti* – em um estado único; e a Onisciência e Onipotência ilimitadas resultam da realização de *Turīya*, o quarto estado, ao qual se faz referência nos aforismos II. 5 e III. 25 dos *Shiva-Sūtras*.

O estudante deve observar o significado da palavra sânscrita *tritaya*, que quer dizer "tríplice". Embora o significado seja "tríplice", consideramos aqui o estado em que os três primeiros estão fundidos em um único e são, portanto, indistinguíveis. É somente um tal estado integrado, no qual qualquer espécie de poder dentro do reino limitado da manifestação pode ser inerente e pode ser exercido pelo indivíduo que atingiu tal estado de consciência, e é chamado *vīresha* no aforismo em discussão.

É necessário distinguir entre os poderes que são adquiridos na realização de que o indivíduo é um puro Espírito ou *Ātmā*, daqueles que são conquistados quando ele se tornou capaz de destruir o último vestígio de egoísmo e a sua consciência se uniu a *Paramātmā*. Os primeiros, embora formidáveis sob certos aspectos, ainda são limitados, enquanto os demais, sendo realmente os Poderes do Espírito Supremo, são infinitos e podem manifestar-se através do centro de consciência de um indivíduo Autorrealizado, porque existe a fusão da consciência individual com a Consciência Suprema, e a comunicação entre ambas está aberta. Os *Shiva-Sūtras* tratam de ambas as classes de poderes e é fácil distinguir entre elas e os métodos empregados para adquiri-las.

Vismayo Yogabhūmikāh

I. 12 - "Os estados atingidos e as experiências conquistadas nos diversos estágios da prática do *Yoga* são realmente surpreendentes."

Imersos como estamos na sombria e pesada atmosfera dos mundos inferiores, não podemos ter a menor ideia dos esplendores ocultos em nossa própria mente e consciência. Somos como indivíduos nascidos em lúgubre calabouço, que nunca viram a luz do dia e a maravilha e beleza dos panoramas da Natureza exterior. É portanto natural que, quando a nossa consciência começa a expandir-se e entra em contato com os mundos interiores ocultos dentro do mundo físico, experimentemos uma extraordinária sensação de espanto e admiração de que essas coisas possam existir. Este sentimento não é uma experiência isolada, mas repete-se de forma ainda mais intensa cada vez em que a nossa consciência é capaz de ultrapassar uma nova barreira e emergir em um mundo de maior beleza e magnificência. Porque, assim como o envolvimento da consciência é um processo progressivo, à medida que ela desce, plano por plano, nos mundos inferiores, assim também a expansão e o desenvolvimento da consciência é um processo progressivo e cada expansão traz consigo novos e inimagináveis deslumbramentos. Não se trata meramente de um reflexo da mesma beleza e do mesmo esplendor sob formas mais intensas e sutis. A emergência dos mundos das dimensões superiores revela novos aspectos e variedades de beleza e esplendor e, assim, o processo de desenvolvimento da consciência é sempre seguido de maiores esplendores que nos deixam fascinados até que nos acostumemos com eles e queiramos mergulhar em maiores profundidades.

Lemos sobre essas coisas na literatura de muitas religiões, mas isso não nos impressiona muito. Em primeiro lugar, porque não temos nenhuma fé real nessas descrições, geralmente revestidas de linguagem hiperbólica e, na maioria das vezes, referindo-se a condições após a morte do corpo físico. Em segundo lugar, porque nos é impossível visualizar essas realidades que são tão diferentes das realidades do mundo físico e das quais não temos nem mesmo uma experiência qualitativa. Estes mundos portanto não significam muito para nós, até podermos vivenciá-los através de um curso rigoroso de disciplina do *Yoga* . Entramos em contato com esses mundos por etapas, o que está implícito na palavra sânscrita *bhūmikāh*.

Icchā-shaktir umā kumārī

I. 13 – "O Poder Divino operando através de um tal *Yogue*, que está confinado no reino da manifestação, embora seja maravilhoso, ainda não está fundido à Divina Consciência de Shiva no Imanifesto e portanto não é verdadeiramente infinito."

Os aforismos que se seguem indicam alguns dos poderes que são desenvolvidos no *Yogue* em quem a Consciência Divina está começando a despertar, automaticamente ou com pequeno esforço, devido ao impulso que vem de cima, da Consciência de Shiva ou Shambhu. Um tal indivíduo espiritualmente evoluído já desenvolveu os seus poderes latentes em vidas passadas, restando apenas trazer à atividade aquilo que já estava presente nele em forma potencial.

Perguntamos então qual é a fonte deste impulso extraordinário que vem do alto, no caso dessas almas altamente avançadas. O presente aforismo tenta responder a essa pergunta. O impulso extraordinário para o desenvolvimento natural e rápido vem da Força de Vontade de Shiva, ou *icchāshakti*, que é a motivação suprema e a força orientadora por trás de todo o esquema evolutivo operando na manifestação de um universo. No Imanifesto esta Força de Vontade Divina existe em forma potencial, na oniabrangente e integrada Consciência de Shiva. Porém, quando a manifestação está prestes a começar e o universo manifestado virá à existência na eterna alternância de *shristi* e *pralaya*, este poder latente deve se tornar parcialmente ativo, a fim de fornecer a força propulsora necessária por detrás do sistema manifestado e prover o material básico da estrutura do universo.

A Força de Vontade inerente à Consciência de Shiva é chamada Umā no presente aforismo, sendo Umā um dos muitos nomes dados a este Poder Divino considerado como uma consorte de Shiva no simbolismo hindu. Esta Força de Vontade potencial é a origem suprema dos inúmeros Poderes Divinos que operam e dirigem a estrutura do universo manifestado. É chamada de Kumārī, ou virgem, porque permanece sempre não contaminada em meio às perturbações e distorções características do estado manifestado. Quando ela se tornou ativa e se envolveu no processo da manifestação, ela é geralmente chamada de Durgā. Isso não quer dizer que o Poder latente desapareça quando tem lugar a manifestação. Este poder é infinito e inexaurível, e o universo manifestado é meramente uma expressão muito limitada dele, para uma finalidade limitada, por tempo limitado. Quando o *pralaya* tem lugar, este poder ativo retorna ao estado potencial e se funde na Consciência Divina.

Drshyam sharīram

I. 14 – "O mundo objetivo que rodeia tal *Yogue*, aparece-lhe como sendo o seu próprio corpo, devido à expansão da sua consciência."

A enigmática afirmativa do aforismo acima, de que o mundo objetivo em torno do indivíduo que chegou à percepção da sua natureza Real se torna o seu corpo, parecerá absurda a menos que tenhamos alguma noção da filosofia subjacente ao *Yoga*. De acordo com essa filosofia, a Consciência Universal não somente abrange e interpenetra o universo como também o contém em forma mental. Em outras palavras, se percebermos o universo do ponto de vista da Consciência Universal ele nos aparecerá como a corporificação daquela Consciência, do mesmo modo como o nosso corpo parece à nossa limitada consciência. O tema da centralização da Consciência Universal tanto no aspecto subjetivo quanto no objetivo foi analisado magistralmente no *Pratyabhijñā Hridayam*, e se o estudante sério consultar este pequeno, porém iluminativo tratado, obterá uma ideia clara de como a centralização e a contração simultâneas da Consciência Universal em seu aspecto subjetivo leva à formação do *Ātmā* individual ou Mônada e, em seu aspecto objetivo, à formação de um conjunto de veículos, através dos quais o *Ātmā* funciona nos diferentes planos da manifestação e que, em sua totalidade, são referidos como *sharīram* no aforismo em discussão.

Portanto, deveria ser claro que quando a consciência se expande do seu estado limitado de *citta* ou mente para seu estado supremo de *cetanā* ou pura consciência, o seu instrumento de expressão deve expandir-se também do corpo individual para o universo inteiro. Trata-se apenas de uma expansão de consciência e sua libertação das limitações dos veículos em que estava aprisionada, o que naturalmente leva ao resultado indicado no aforismo em questão.

Hrdaye cittasanghattād drishyasvāpadarshanam

I. 15 – "Com a percepção da interação entre a consciência e a mente no centro da consciência, o mundo objetivo produzido na mente do *Yogue* é visto como um sonho, isto é, como um fenômeno puramente imaginário."

Para compreender o significado real deste importante aforismo devemos procurar apreender o significado mais profundo das diversas palavras empregadas para transmitir ao estudante a ideia profunda em que se baseia.

No presente contexto, o primeiro termo, cujo significado verdadeiro devemos compreender plenamente, é *hrdaya*. Esta palavra sânscrita é usada na literatura Oculta e mística para indicar primariamente o centro de consciência através do qual a consciência funciona como consciência e não como mente. O mesmo centro é também usado para o funcionamento da mente em diferentes níveis, mas, nesse caso, o centro ou ponto é geralmente chamado *manobindu* ou "o ponto através do qual a mente funciona". É muito importante a distinção entre as funções do centro comum porque, se conservada na lembrança, nos prepara para facilmente compreendermos muitos problemas da psicologia do *Yoga*, por exemplo, como a consciência pode servir, ao mesmo tempo, de campo e poder iluminador de todos os fenômenos mentais, como os poderes Divinos associados à Divina consciência podem descer através dos veículos de uma Mônada individual e, uma vez diferenciados em vários poderes e energias, realizar diversas funções nesses veículos. Consciência e mente, de acordo com a doutrina Oculta, são essencialmente da mesma natureza, sendo a primeira a forma integrada e a última, a forma diferenciada da mesma Realidade. Não apenas elas possuem essencialmente a mesma natureza, mas também funcionam intimamente entrelaçadas para produzir os fenômenos do mundo manifestado.

Se essa proposição é verdadeira, segue-se que alguém, cuja consciência tenha alcançado o nível mais profundo e esteja estabelecida no Centro Comum, deve ser consciente dos fatos mencionados acima, isto é, de que maneira a consciência e a mente são essencialmente da mesma natureza, funcionam a partir do mesmo centro, são permutáveis e produzem a infinita variedade de fenômenos que constituem o universo manifestado.

Se, como resultado da realização mencionada acima o *Yogues* se torna plenamente consciente de que o universo manifestado é uma criação mental do Logos Cósmico e de que um mundo individual é a criação da mente individual, a natureza fenomênica e ilusória dos mundos objetivos claramente se torna muito aparente e deixa de ser simplesmente objeto de convicção. Ele pode vê-los vindo à existência como um resultado da atividade mental e desaparecendo quando esta atividade mental cessa.

Já foi explicado em outros contextos que a palavra sânscrita *svapna*, quando empregada no sentido filosófico, não significa sonho puramente subjetivo ou ilusório, no sentido usual que se tem da palavra. Ela é usada para indicar a natureza puramente mental de um fenômeno sem base material que o homem comum considera óbvio ao observar e experimentar estes fenômenos.

O fato, de acordo com a doutrina Oculta, é que o universo manifestado nem é de natureza material, como afirma a filosofia materialista da Ciência, nem é mera ilusão ou alucinação criada subjetivamente em nossas mentes, mas um fenômeno mental definido, produzido pela atividade mental de um Logos ou de uma Mônada. A ilusão está no fato dessa atividade mental não ser percebida como tal, ou em considerá-la como algo fora ou independente da Realidade Una, ao lado ou fora da qual nada pode possivelmente existir.

É necessário anotar cuidadosamente que essas realizações de natureza fundamental chegam somente quando a nossa consciência está estabelecida no Grande Ponto de onde o universo mental é projetado e nunca antes que pelo menos um vislumbre da Realidade Única tenha sido alcançado. Existem muitos aspirantes sinceros e eruditos estudantes de filosofia que são bastante ingênuos para imaginar que compreenderam a natureza ilusória do mundo em que vivem e estão livres de suas ilusões. Eles confundem as próprias convicções, baseadas apenas em pensamentos, com a compreensão das realidades fundamentais da vida, porque ainda não desenvolveram nem mesmo um sentido rudimentar de discernimento espiritual ou *viveka*, o qual somente é capaz de distinguir entre o pensamento e a compreensão.

Shuddha-tattva-samdhānād vā apashu-shaktih

I. 16 – "Pela contemplação da Realidade em sua pureza, é atingida a capacidade de neutralizar o poder que acorrenta a alma ao mundo irreal."

Foi demonstrado no último aforismo como o indivíduo, cuja consciência está centrada no Grande Ponto, pode ver a ação conjunta da mente e da consciência através deste Centro comum e está, verdadeiramente, em equilíbrio entre dois mundos – o mundo Real da Consciência e o mundo irreal da mente.

Depois de atingir esse estágio no mergulho da consciência em direção à sua fonte, naturalmente a consciência pode emergir no mundo da Pura Consciência que é mencionado como *shuddha-tattva* no presente aforismo. O ingresso da consciência no reino da Realidade Única é seguido por mudanças e realizações formidáveis, estando algumas delas mencionadas em alguns dos aforismos nos *Yoga-Sūtras* e nos *Shiva-Sūtras*. Neste aforismo apenas é indicado um aspecto dessa imensa mudança. Esta indicação está contida na expressão *apashu-shakti*.

De acordo com a doutrina Oculta, o envolvimento de uma

Mônada no mundo da manifestação para o desenvolvimento das suas potencialidades Divinas é produzido por um Poder Divino definido, geralmente chamado *Māyā* na filosofia hindu, e *avidyā* nos *Yoga-Sūtras*. É esse Poder que mantém a Mônada aprisionada enquanto não é alcançado o propósito de seu envolvimento no mundo da manifestação. Naturalmente, quando se alcança este propósito na Autorrealização a Mônada se eleva acima do controle desse Poder.

Vitarka Ātmā-jñānam

I. 17 – "Pelo controle e, finalmente, supressão da atividade da mente individual é atingido o conhecimento do *Ātmā* ou o Espírito individual no homem."

Estudando este aforismo devemos recordar que, neste capítulo, estamos tratando principalmente de alguns dos poderes e estados de consciência que aparecem no caso de um indivíduo altamente evoluído, como resultado do impulso Divino que vem do alto, que vem de Shambu ou a consciência universal, comumente designada como Shiva. Este é o significado do título da seção *Shāmbavopāya*.

Quem já tenha estudado a teoria e a técnica do *Yoga* apresentadas nos *Yoga-Sūtras* lembrar-se-á que tal técnica é baseada no controle, manejo e finalmente cessação das atividades da mente ou *citta*. O objetivo final desta autodisciplina é *Ātmā-jñāna* ou conhecimento direto do *Ātmā* ou Espírito individual no homem; esse objetivo é alcançado por meio da meditação que inclui o tríplice processo de *dhāranā*, *dhyāna* e *samādhi*. A emoção não desempenha nenhuma parte nessa disciplina, embora um desejo intenso de Liberação seja necessário ao êxito no *samādhi*, como diz o aforismo *Tīvra-samvegānām āsannah* (I. 21-*Yoga-Sūtras*). O presente aforismo se refere a esse processo puramente intelectual de obter conhecimento da nossa natureza Real.

As palavras sânscritas *tarka* e *vitarka* significam ambas "raciocínio," "deliberação", etc., mas raciocínio e deliberação acompanhados por dúvida e incerteza devido a diferentes pontos de vista considerados alternadamente pela mente. A mente comum se ocupa com as aparências externas da realidade e não pode ter nenhum conhecimento verdadeiro das realidades em si mesmas, porque suas atividades estão confinadas aos seus aspectos superficiais destas realidades e não penetram nos reinos mais profundos da mente e da consciência. É somente na prática do *Yoga* que a mente penetra nestes reinos mais profundos da consciência e procura entrar em contato direto com as realidades ocultas por trás das aparências.

No presente contexto, o termo *vitarka* não deve ser tomado no sentido comum enfocado acima. Aqui o prefixo *vi* de *vitarka* fornece a chave para o real significado da palavra neste aforismo. O prefixo *vi* significa "disjunção", "inatividade", etc., assim pois, neste caso *vitarka* indica o funcionamento da mente sem nenhuma dúvida ou incerteza devido à completa ausência de aspectos alternativos, externos da realidade que procuramos conhecer. Essa libertação das alternativas e contradições é possível somente quando a usual e incessante atividade da mente é substituída por *citta-vritti-nirodha* e a realidade que está oculta na concepção mental é revelada, pela aplicação da disciplina mental ensinada no *Yoga*. Assim, este aforismo se refere à técnica completa do *Yoga* contida nos *Yoga-Sūtras*. Mas, como nesse caso o esforço é intensificado pelo impulso Divino que vem do alto, o resultado é alcançado fácil e rapidamente.

Lokānandah samādhisukham

I. 18 – "Pela contemplação do aspecto *ānanda* do Eu, como no caso de um devoto, o *Yogue* se torna consciente da bem-aventurança que permeia os mundos manifestados."

Uma das mais conhecidas doutrinas do Ocultismo postula que, apesar das desarmonias e violentas perturbações que encontramos ao olharmos superficialmente a vida, no coração do universo está eternamente presente uma indizível harmonia, inimaginável bem-aventurança e "paz que ultrapassa o entendimento". Esse estado interior de paz, harmonia e bem-aventurança, em tão marcante contraste com o estado externo de desarmonia e perturbações, pode ser experimentado cada vez melhor, à medida que penetramos, cada vez mais profundamente, nos reinos interiores da Consciência. Não se trata de mera possibilidade teórica, pois todos os místicos práticos e os Ocultistas deram testemunho desse supremo fato da existência, que tem dado esperança e coragem aos aspirantes que ainda estão lutando contra os próprios conflitos e fraquezas a fim de alcançar o céu interior de paz e bem-aventurança.

Embora a grande maioria das pessoas religiosas e das que estão convictas da base espiritual do universo acredite em tal estado de indescritível bem-aventurança e harmonia, poucos têm uma ideia clara de como chegar à fonte interior da felicidade, ou que fazem esforços sérios nessa direção. Uma vaga e fraca sensação de satisfação é tudo que o homem religioso comum espera quando ele se empenha nas práticas religiosas e procura levar uma vida religiosa, de acordo com os seus mais elevados ideais.

A razão dessa anomalia está no fato de não haver nas mentes dessas pessoas nenhuma ideia clara em relação ao método que deve ser adotado para estabelecer contato real com o mundo interior e quando ela existe, poucos são os que estão preparados para praticar a prolongada e difícil autodisciplina, indispensável para o atingimento da meta visada.

Somente a Ciência do *Yoga* oferece um método sistemático e direto, capaz de levar à percepção do oceano de beatitude e harmonia em que o universo está imerso e que está oculto em sua plenitude no coração de cada ser humano. É este estado indescritível de beatitude perfeita oculto no coração do universo que, no presente aforismo, é chamado *lokānanda*, e o método para conquistá-lo é indicado na expressão *samādhi-sukham*. O aforismo afirma, clara e inequivocamente, que esta beatitude denominada *lokānanda* só pode ser experimentada no *samādhi* quando o caminho do *Yoga* está sendo palmilhado de maneira sistemática.

Não somente *lokānanda* ou beatitude interior pode ser experimentada, como existe um ramo especial do *Yoga* que se ocupa com o método para atingir ao aspecto da Realidade chamado *ānanda*, em contraposição ao aspecto *sat* de que trata o aforismo anterior. O método ou caminho que é palmilhado visando à experiência e ao estabelecimento definitivo nesse oceano de bem-aventurança é chamado *Bhakti-Mārga* ou o Caminho do Amor.

Shakti-samdhāne sharirotpattih

I. 19 – "Pela contemplação do Poder Divino, que é a base do mundo objetivo, o *Yogue* pode ver como todos os corpos são criados por este Poder e, possuindo esse conhecimento, é capaz de criá-los."

Este aforismo indica o resultado do atingimento direto em relação à natureza do Poder Divino pela contemplação. O termo sânscrito *samdhāna*, que é empregado frequentemente nos *Shiva-Sūtras*, é quase equivalente a *samyama*, usado nos *Yoga-Sūtras*, porém há uma diferença sutil entre as conotações das duas palavras que o estudante deve sempre lembrar. A técnica de *samdhāna* está baseada no *icchā-shakti* enquanto a de *samyama* está apoiada no processo tríplice *dhāranā, dhyāna* e *samādhi*. O primeiro *(samdhāna)* depende do puro poder da vontade de *Ātmā* e pode ser utilizado somente por aqueles que já estão espiritualmente desenvolvidos e, na presente vida, apenas necessitam recapitular o desenvolvimento da consciência. É um fato notável o modo fácil como os grandes sábios e instrutores das religiões do mundo adquiriram o conhecimento das mais altas verdades e até mesmo da suprema Verdade sem se submeterem ao monótono e árduo treinamento do *Yoga*. Isso se deve ao fato de já serem espiritualmente amadurecidos e por isso o mais elevado conhecimento neles brota naturalmente ao mais leve estímulo, por força da vontade. O que tomará muitas vidas de esforço ao aspirante comum, a eles vem com pequeno esforço na direção certa.

Há um grande princípio subjacente a este progresso rápido feito pelas almas espiritualmente amadurecidas. Mesmo as grandes almas mais adiantadas têm que recuperar o conhecimento direto de sua Verdadeira natureza – Autorrealização – a cada nova encarnação. Porém, quanto mais avançadas elas são, mais fácil é este conhecimento recuperado, quando nessa direção é feito o esforço necessário.

É preciso lembrar que diferentes palavras sânscritas têm significados ou conotações diferentes em diferentes contextos. Aqui, o vocábulo *shakti* não significa o Poder Divino de maneira geral, mas o Poder Divino que está na base e conserva coeso qualquer tipo de corpo ou *sharīra* que possua uma estrutura básica. No *Vibhūti-pada* dos *Yoga-Sūtras*, foi recomendada a aplicação de *samyama* em diversos objetos com a finalidade do obter conhecimento sobre a estrutura e as funções dos mesmos. No aforismo em estudo *samdhāna* ou contemplação de Shakti é recomendada para obtenção do conhecimento concernente às forças cuja interação e coordenação criam e preservam um veículo particular da consciência.

Bhūtasamdhāna-bhūtaprithaktva-vishva-samghattāh

I. 20 – "Pela contemplação da natureza dos *pañcha-bhūtas*, ou os cinco Elementos Cósmicos, o *Yogue* adquire a capacidade de analisá-los e separá-los e assim descobrir como, por sua instrumentalidade, foram construídos ou formados o universo e os objetos nele contidos."

Para entender o significado interno deste aforismo é preciso lembrar que, de acordo com a doutrina Oculta, o universo é de natureza essencialmente mental e que os fenômenos mentais são produzidos pela ação dos cinco *Princípios Cósmicos* chamados *Pañcha-bhūtas* ou *Pañcha-tattvas*. As sensações que fornecem a matéria-prima para o funcionamento da mente, sem nenhuma dúvida nascem das vibrações produzidas pelos assim chamados elementos materiais de que trata a química moderna, mas tais elementos materiais são meramente os instrumentos dos *Pañcha-bhūtas*. Devido ao fato de serem estes Princípios as bases mais fundamentais da manifestação, a sua natureza e funções não são fáceis de entender. Por pequeno que tenha sido o esclarecimento da doutrina Oculta sobre esse assunto misterioso, ele já foi enfocado em outros contextos, não sendo necessário por isso voltar a esse estudo aqui.

Desde que os fenômenos mentais resultam da ação conjunta dos *Pañcha-bhūtas* em diferentes combinações, é óbvio que o *Yogue* deve adquirir a habilidade de analisar estas complexas combinações e separá-las em seus elementos componentes antes de poder entender a verdadeira natureza dos fenômenos mentais, adquirir controle sobre eles e produzi-los, quando necessário, pelo poder de sua força de vontade. Este processo não é muito diferente da análise de várias substâncias materiais complexas em química. Tal prática permite ao químico entender claramente a natureza da substância complexa e sintetizá-la usando os meios adequados. Sendo os *Pañcha-bhūtas* os princípios mais fundamentais da manifestação, o conhecimento de sua verdadeira natureza só pode ser adquirido pela percepção direta de sua real natureza através da técnica do *samādhi*. Isso somente e possível pela contemplação da sua natureza real ou *Samdhāna*.

É interessante notar como o mesmo problema e sua soluçao foram tratados de maneira um tanto diferente nos *Yoga-Sūtras* de Patañjali, no aforismo III. 46. Os dois aforismos seguintes deste tratado também dão alguma ideia em relação à natureza dos poderes que são adquiridos pelo domínio sobre os *Pañcha-bhūtas*. Os *Shiva-Sūtras* esclarecem, ainda, outros aspectos dos *pañcha-bhūtas* nos aforismos III. 5, III. 6 e III. 42. O estudo de todos esses aforismos nos dois tratados habilitará o estudante a compreender mais claramente a importância do aforismo em discussão e mostrará, ao mesmo tempo, a vantagem de estudar um problema de diferentes pontos de vista.

Shuddhavidyodayāc chakreshatva-siddhih

I. 21 – "No alvorecer do puro conhecimento integrado, concernente ao princípio que é a base de todas os tipos de técnicas, o *Yogue* adquire o domínio do Grande Centro através do qual o Poder Divino desce à manifestação para executar as suas múltiplas funções."

Tanto os *Shiva-Sūtras* quanto os *Yoga-Sūtras* distinguem claramente o conhecimento da mente, que se ocupa dos fatos de um sistema manifestado, do conhecimento da Realidade que abrange tanto o manifesto quanto o imanifesto. *Ātmā-jñāna* confere onisciência e onipotência de uma natureza limitada, dentro do reino do sistema manifestado presente na consciência do *Ātmā* individual, enquanto o conhecimento do *Paramātmā* – chamado *Shuddhavidyā* no presente aforismo – confere verdadeira Onisciência e verdadeira Onipotência, que são infinitas e oniabarcantes.

Qual é a verdadeira natureza de um *chakra*? É bem sabido que qualquer espécie de manifestação tem origem através de um ponto e é produzida pela Consciência Divina, tendo como instrumento o Poder Divino que desce através do Grande Ponto, chamado *Mahâbandu* em sânscrito. Quando o Poder Divino flui de um plano superior para um inferior, passando por um ponto, ele movimenta a matéria do plano inferior em torno daquele ponto e é esse fenômeno centrífugo que assume a aparência de um *chakra*. De um modo geral existem vários *chakras* trabalhando num veículo e desempenhando múltiplas funções, mas todos eles derivam seus respectivos poderes do Poder Divino Central e estão enraizados no *Shakti-chakra* Central, do qual todos os *chakras* podem ser considerados uma reflexão e expressão.

Naturalmente, quando se atinge o conhecimento transcendental da Realidade, o infinito Poder Divino que é inerente à Realidade e que desce através do *Shakti-chakra* é igualmente adquirido ao mesmo tempo. Como também está declarado em outras obras, conhecimento e poder são correlatos e o verdadeiro conhecimento, em qualquer campo, é acompanhado pelo poder correspondente de utilizar este conhecimento para solucionar qualquer problema dentro da área limitada daquele conhecimento. É o controle sobre este *Shakti-chakra* Central, através do qual o Poder Divino universal desce do imanifesto ao manifesto, que é mencionado na expressão sânscrita *chakresatva* neste aforismo.

Mahāhradānusamdhānāt-mantravīryānubhavah

I. 22 – "Pela contemplação do infinito reservatório da Energia Divina, oculto no Centro da Consciência Divina, é obtida a percepção do poder integrado do Som presente em todos os *mantras*, que são os instrumentos pelos quais atingem os seus respectivos fins."

No aforismo precedente foi explicado que um *chakra* nada mais é do que um centro para a descida do Poder Divino em um veículo que funcione em um sistema manifestado. Tal centro indica, entretanto, a natureza do instrumento material através do qual o poder desce. O presente aforismo indica o aspecto energia do mesmo problema.

De que maneira o Poder Divino desce e se torna a base dos vários organismos e princípios que operam no sistema? Ao se diferenciar e assumir a forma de inumeráveis combinações de sons que são a base desses diversos organismos e princípios. Conforme já foi dito antes, a estrutura completa de um sistema manifestado baseia-se no "Som" e cada princípio ou objeto organizado tem como fundamento uma combinação peculiar de sons. É essa combinação específica e peculiar de sons que é chamada de *mantras* nos *Shiva-Sūtras* e em outras obras da literatura Oculta. Estas combinações específicas de sons constituem os instrumentos para a expressão da Energia Divina em sua forma integrada, e é possível ao indivíduo tornar-se consciente deste Reservatório de Energia Divina pela aplicação da técnica mental recomendada no tratado em estudo, à qual se chama *samdhāna*.

O Reservatório infinito da Energia Divina, oculto eternamente por detrás do Grande Ponto, e que pode fornecer qualquer quantidade de energia para um número infinito de sistemas manifestados no universo e é denominado *Mahāhrada*, que significa "O Grande Lago". E o poder integrado do "Som" do qual todos os *mantras* são oriundos é chamado *Mantra-Vīrya* ou o "Grande Poder do *Mantra*". Esta expressão tem praticamente o mesmo significado que a palavra sânscrita *Nāda,* mas se refere, principalmente, ao aspecto vibracional do "Som".

É natural que, ao praticar *samdhāna* na fonte do Poder integrado que constitui a base de todos *mantras*, o *Yogue* se torne consciente de tal Poder em sua própria consciência, habilitando-se assim, não somente a conhecer a base sonora de qualquer *mantra*, mas também a utilizar aquele *mantra* para o seu fim específico. A habilidade de usar o poder inerente à qualquer força natural brota espontaneamente da percepção verdadeira da natureza daquela força.

Seção II

SHĀKTOPĀYA

Cittam mantrah

II. 1 – "A base da mente, em seu aspecto objetivo e estrutural, é o poder inerente às diversas combinações de Sons."

Já foi dito em muitos contextos que a mente é apenas um estado diferenciado da consciência e portanto um derivado da mesma. O modo como a consciência se diferencia nos vários estados da mente é um assunto interessante, sendo-nos, porém, impossível conhecê-lo em seu sentido real, antes de tornarmo-nos capazes de elevar nossa consciência até o nível em que essa diferenciação ocorre e a maneira na qual ela é produzida. No entanto, ao dizer que *citta* ou mente, *em seu aspecto objetivo*, não é nada senão *mantra*, o presente aforismo esclarece brilhantemente a questão em estudo.

Um *mantra*, como qualquer estudante da doutrina Oculta sabe, é uma combinação especial de letras, embora seu valor não resida propriamente nas letras, mas nos sons específicos representados por elas. Assim, se os diferentes estados da mente não são mais que *mantras*, esses estados devem ser basicamente "Som", sendo o vocábulo aqui usado no seu mais amplo sentido, significando qualquer vibração ou movimento que possa ser representado por uma fórmula matemática.

Portanto, de maneira geral, pode ser dito que todos os diferentes estados da mente, pensamentos e ideias são, em essência, movimentos, que podem ou não ser harmônicos. Mas movimentos onde? Na consciência. A consciência, em seu estado integrado ou puro, é imóvel, sem nenhuma *vritti*, como se diz em sânscrito. Nesse plácido mas inimaginável meio, um tipo particular de movimento ou vibração, que pode apresentar-se com infinitas variações, imediatamente produz um pensamento – um estado da mente – que corresponde à vibração ou *vritti* que lhe deu origem, tendo com ela uma relação matemática. Esse fenômeno é semelhante ao da luz branca difusa que, ao incidir sobre uma paisagem, é convertida pelos átomos e pelas moléculas dos objetos iluminados em luzes coloridas, que são formas diferenciadas da luz branca. Se não fosse pela presença da luz branca indiferenciada, incidindo por toda parte, nós não poderíamos ver o panorama dos objetos coloridos na paisagem.

É interessante observar, a propósito desses fatos, a famosa e enigmática estrofe do *Durgā-saptashatī*, que procura indicar os diversos estágios desta descida do Poder Divino puro e integrado em formas cada vez mais inferiores, até chegar às várias combinações de sons que constituem a base objetiva do universo.

"Ó Mãe Divina! Dos *mantras* tu és a base sonora vibratória; no caso dos 'Sons' tu és as diferentes variedades de conhecimentos a eles ligados; no caso dessas inúmeras formas de conhecimento, tu és os diversos aspectos de consciência que dão origem às várias espécies de conhecimento; e é somente através do teu Poder que pode ser vislumbrado o Grande Vazio do Absoluto, onde estão presentes todas as coisas do manifesto e do imanifesto, harmonizadas em forma perfeita".

Pelo que foi afirmado no verso acima pode-se ver que uma forma específica do "Som", ou *Mātrikā*, é a base de uma determinada forma de conhecimento mental. Assim, se quisermos considerar o universo manifestado de um ponto de vista mais profundo, podemos imaginá-lo como um oceano de pensamentos e ideias pelo lado subjetivo, e um fluxo de movimentos e vibrações no lado objetivo. É a mesma consciência integral que foi separada nos seus aspectos subjetivo e objetivo, assumindo o caráter de pensamentos e ideias por um lado, e movimentos e vibrações pelo outro. A diferenciação da consciência em mente deve ser considerada de igual modo a fim de podermos mais claramente compreender o significado profundo do aforismo em estudo. Cumpre notar que, nesta diferenciação da consciência ou *cetanā*, em *citta* e *mantra*, mencionada neste aforismo, a consciência permanece a mesma substância básica, mas vem à existência o mundo mental nascido da inter-relação entre a mente e a energia em funcionamento dentro do campo da consciência subjacente.

Isso tornará também mais claro o *modus operandi* do *Mantra-Yoga*, mostrando como vibrações específicas produzidas por *japa* (repetição meditativa) podem fazer brotar conhecimentos específicos na consciência individual e, num estágio posterior, se torna possível, pela supressão desse conhecimento mental, tornar-se diretamente cônscio da realidade oculta dentro deste manto do conhecimento mental.

Se tentarmos penetrar mais profundamente no verso do *Durgā-saptashatī*, acima citado, veremos que existe um estado ainda mais profundo da Realidade, no qual até mesmo a Consciência integrada é transcendida e passamos ao Estado Vazio ou *Shūnyāvasthā* do Absoluto.

Em que consiste este supremo estado do Absoluto? Para entender, mesmo parcialmente, a natureza desse Estado, ser-nos-á útil considerar o fenômeno da luz, que lhe é análogo. Um espectro de luzes coloridas pode ser convertido em luz branca se for passado através de um prisma. Porém, será a luz branca o último estágio, considerando-se o fenômeno luz como um todo? Não! A luz branca também é uma vibração e esta vibração pode ser neutralizada pela luz de uma fase oposta, da mesma forma que dois conjuntos de ondas na superfície da água podem desaparecer para o nível da superfície ao se fazer com que as cristas de uma onda coincidam com as depressões da outra. O resultado da mistura dessas duas luzes de fases opostas seria a completa escuridão, sem luzes coloridas nem luz branca, mas a absoluta ausência de luz ou completa escuridão.

Embora essa escuridão seja a completa ausência de luz, ela conserva a potencialidade de produzir luzes brancas de fases opostas, capazes de gerar dois mundos separados de luzes coloridas, que seriam similares, mas de fases opostas. As recentes pesquisas nos diferentes campos da Ciência, mostrando a possibilidade da existência de mundos negativos, trazem nova informação para este tema interessante.

A Ciência tem conseguido investigar a relação entre sensação e vibração porque ambas pertencem ao plano físico. Mas existem mundos mais sutis do que o físico, e as vibrações na matéria desses mundos também têm que ser levadas em consideração na nossa vida mental. Como todo o universo manifestado é um fenômeno mental, na base de tal fenômeno deve existir um vasto e inimaginável sistema de complexos movimentos e vibrações, matematicamente relacionados entre si. As relações entre as diversas espécies de pensamentos e as vibrações que lhes servem de base devem estar presentes na Mente Universal e todas as atividades mentais do universo manifestado devem ter lugar de acordo com as relações matemáticas corporificadas nas leis da Natureza.

Este sistema de vibrações de infinita variedade e extremamente complexo é derivado, por uma lado, da vibração integrada do "Som" ou *Nāda*, por um processo de diferenciação. A infinita variedade dos fenômenos mentais são derivados, por outro lado, da diferenciação da consciência integrada. Cada um desses processos tem a sua contraparte no outro, em todos os detalhes, como se um fosse a imagem do outro num espelho. É somente quando temos uma ideia assim clara, embora bem geral, em relação à base vibratória do mundo mental, que podemos compreender o significado mais profundo do presente aforismo que, de outra maneira, nos pareceria enigmático, senão absurdo.

A explicação acima também mostra como é possível neutralizar ou iniciar atividades mentais produzindo determinadas vibrações. De fato, a teoria inteira do *Mantra- Yoga* e do *Laya-Yoga* é baseada neste princípio fundamental.

Prayatnah sādhakah

II. 2 – "Sucesso no conhecimento da relação entre a mente e um *mantra* e, pelo uso desta relação, o atingimento da Autorrealização, somente podem ser alcançados pelo esforço perseverante e inteligente, baseado no conhecimento correto."

O conhecimento do fato de ser a atividade mental baseada na vibração e a possibilidade deste ser utilizado para se transcender a mente e alcançar o Autoconhecimento, são de importância vital para o estudante sério, que está determinado a se libertar das ilusões e limitações dos mundos inferiores. Esse conhecimento, porém, somente poderá ser obtido e utilizado com sucesso, para o atingimento do alvo supremo da vida humana, pelo esforço perseverante e contínuo, empregado de maneira sistemática e científica, tal como seria o caso de qualquer outra disciplina para a realização de uma finalidade específica.

Muitos aspirantes têm uma ideia inteiramente errônea sobre este assunto. Eles pensam que, no que concerne às coisas no mundo físico, devemos agir de maneira científica, de acordo com as leis da Natureza ligadas a esse tipo de trabalho. Quando, porém, se trata da nossa vida mental e espiritual, julgam poder atingir qualquer propósito sem possuir um conhecimento definido a respeito e sem aplicá-lo de maneira científica. Isso não é verdadeiro, nem pode ser verdadeiro, num universo regido pela Lei.

Todos os sistemas de *Yoga* e de autodisciplina, seguidos nas verdadeiras escolas de misticismo e Ocultismo, são baseados em fatos definidos e em leis da Natureza que operam nos reinos mais sutis da manifestação, e um completo conhecimento destas leis e sua aplicação correta é necessário para alcancar quaisquer finalidades espirituais. Não podemos fazer isso de forma casual.

A um observador superficial pode parecer que, nos reinos da mente e do Espírito, nada é definido e sujeito a tratamento sistemático, mas essa impressão é êrronea. Ela é gerada por falta de discernimento e é devida à influência de *gurus* comuns, que tendem a tomar para si a responsabilidade de obter a salvação para os seus discípulos, que preferem nada fazer. Na verdade, um conhecimento correto do método de autodisciplina escolhido por um mestre e a sua aplicação apropriada são de necessidade absoluta para alcançar a meta de esforço espiritual.

É verdade que as leis da vida espiritual e da disciplina mental diferem das leis que governam a matéria do plano físico, e pode até parecer que seja impossível aplicá-las de maneira definida, como das leis do plano físico. Isso acontece porque, quanto maior for o avanço no reino do Espírito, menos rigidez, maior amplitude de movimentos e maior liberdade de escolha são encontradas. Porém isso não implica na ausência de leis que governam as atividades nos planos espirituais. O fato é que essas leis não podem ser definidas de maneira precisa e não podem ser aplicadas sem o exercício individual da inteligência e do sentido do discernimento espiritual, chamado *viveka* em sânscrito. O aforismo II.18 de *Luz no Caminho* faz alusão a este fato.

As condições dos planos espirituais são tão diferentes das existentes nos planos inferiores que simplesmente nos parece que não existem leis definidas operando naqueles reinos e que uma condicão de quase anarquia lá prevalece. A mesma ideia é expressa de maneira poética quando se diz ser o processo de desenvolvimento espiritual "um Caminho sem caminho" que somente poderá ser trilhado com o auxílio da Luz que vem do nosso interior. A causa da indefinição é que o escopo e a inclusividade da Grande Lei que governa o universo se tornam tão vastos que aparentemente se dissolvem no nada.

Por que será assim? Porque todas as leis que operam no reino da manifestação originam-se, por um processo de diferenciação, de uma lei integrada chamada a Lei do *Dharma*. Como é bem sabido, no estado integrado de um Princípio nenhuma parte, ou aspecto particular, é discernível. Além dos mais, à medida que nos aproximamos do mundo da Realidade vai se processando a progressiva integração dos aspectos secundários do Princípio e as leis resultantes, também oriundas da Grande Lei, tornam-se cada vez menores em número e cada vez maiores em amplitude, e aplicáveis de maneira mais generalizada. É este fato que é simbolizado pela *Ashvattha*, a Árvore da Vida invertida mencionada na literatura Oculta. Será fácil entender do que foi dito acima porque as leis da natureza se tornam cada vez mais indefinidas, à medida que penetramos nos reinos mais profundos da Consciência. E portanto a necessidade de se desenvolver discernimento espiritual e vigilância, para distinguir e aplicar as leis da vida espiritual com o maior cuidado e o mais estrito escrúpulo, se torna cada vez maior.

Devemos agora considerar a importância desse aforismo no presente contexto. Na primeira Seção do *Shiva-Sūtras*, denominada *Shāmbavopāya*, é focalizado o processo de desenvolvimento da Consciência Divina em um indivíduo já bastante evoluído espiritualmente e, portanto, quando ele assume uma nova encarnação, o desenvolvimento de sua consciência é muito rápido, e nele os poderes correspondentes começam a aparecer com um mínimo de esforço.

A segunda Seção chamada *Shāktopāya*, ora em discussão, trata do desenvolimento da consciência e do despertar dos poderes de um discípulo plenamente qualificado, que já fez considerável progresso na Senda, havendo assim conquistado o direito de ser direta e conscientemente orientado por um verdadeiro *Sat-Guru*, que pode invocar o poder Divino para os veículos do discípulo e, temporariamente, erguer sua consciência para o nível requerido nas iniciações.

O *Guru* ensina o método e mostra ao discípulo uma visão da meta, mas o esforço real para aplicar o método e alcançar a meta tem de ser feito pelo próprio discípulo. O progresso que ele faz na presente encarnação naturalmente dependerá de sua evolução prévia, assim como da intensidade e duração do esforço que faz nesta vida presente. Os aforismos subsequentes desta Seção mostram claramente que este método se aplica somente àqueles aspirantes que são espiritualmente maduros e que podem atingir a meta da Iluminacão na presente vida, desde que empreguem o esforço necessário e sejam capazes de vencer as grandes tentações e dificuldades dos últimos estágios da Senda da Libertacão. Os que não estiverem adequadamente equipados com as qualificações requeridas devem começar do degrau em que se encontram na escada da evolucão, trabalhando vagarosa e firmemente, com perseverança e determinação, no caminho ascendente.

Ao contrastar esta da seção chamada *Shāktopāya,* onde o método é baseado na adaptação dos meios aos fins, com a primeira Seção – *Shāmbavopāya* – e necessário lembrar o importante fato de que a vontade espiritual atua, aparentemente, sem nenhum instrumento externo. É por essa razão que nos métodos mencionados na Seção chamada *Shāmbavopāya* para o atingimento da Autorrealização, ou desenvolver vários poderes, nenhum meio para alcançar um propósito em particular é perceptível. Sem dúvida que *samdhāna* ou contemplação é usada para aquisição de conhecimento relativo a realidades especificamente visadas; porém, nesses casos, é o esforço da mente em penetrar nas camadas mais profundas da consciência por pura força de vontade, a fim de encontrar a realidade nelas oculta. É característico da força de vontade concentrar-se em um objetivo e conquistá-lo de qualquer maneira, por qualquer meio possível. A força de vontade não se apoia em um único meio particular para alcançar os seus objetivos. Nos métodos estudados em *Shāmbavopāya* é a vontade Divina de Shiva, ou Shambu, que entra em ação e, partindo do mais alto plano, alcança os resultados buscados. É por isso que, em conjunto, esses métodos são chamados *Shāmbavopāya*.

Contrastando com isso, no caso de Vishnu é a sabedoria que vem à ação para alcançar qualquer propósito em particular. O objetivo é alcançado de qualquer maneira neste caso, mas pela adoção de métodos engenhosos. Nos *Purānas* se encontram muitas histórias, como as de Hiranyakashipu ou Bhasmāsura, que ilustram, de maneira muito interessante, o método baseado na sabedoria.

No caso de Brahmā um procedimento definido é concebido e tentado para obter o objeto desejado, mas, se esse método não produzir resultado, outro será tentado até que o objetivo seja alcançado. A possibilidade de erro e fracasso é inerente a este método. É por isso que, nas histórias narradas nos *Purānas*, Brahmā é, às vezes, visto recorrendo à ajuda de Vishnu, quando percebe que não consegue alcançar seus objetivos. Naturalmente essas histórias são alegorias, porém objetivam ilustrar as diferenças entre os métodos baseados na vontade, na sabedoria e no intelecto respectivamente.

Vidyāsharīra-satta mantra-rahasyam

II. 3 – "O conhecimento e sua técnica são baseados na vibração e, portanto, o segredo para adquirir conhecimento concernente às realidades interiores está oculto na Ciência dos *mantras*."

A meta do estudante, ou aspirante, é adquirir conhecimento, seja inferior, seja superior. Como pode ser obtido esse conhecimento? Pela adoção do método adequado ou pela técnica já desenvolvida para essa finalidade, e que o estudante encontrará ao seu alcance. É somente quando ele adota a técnica adequada – *vidyā* em sânscrito – e trabalha em direção à meta perseverantemente, durante um tempo suficientemente longo, é que ele pode ter sucesso.

O conhecimento concernente às realidades da vida interior e à técnica para adquiri-lo estão ambos ocultos na mente e na consciência do buscador, e devem ser extraídos desses reinos pelo emprego de métodos eficientes, comprovados pelos resultados obtidos por aqueles que os descobriram e adotaram.

O conhecimento comum concernente aos objetos externos, ou matéria de experiência comum, pode ser obtido pela leitura de livros, pela observação, ou pela comunicação verbal vinda daqueles que possuem tal conhecimento. Mas o conhecimento das realidades internas, que existem nas camadas mais profundas da mente e da consciência, somente pode ser conquistado por meios puramente mentais, e que são enunciados em *A Ciência do Yoga*[4]. Um dos mais importantes meios disponíveis para esse fim é a ciência dos *mantras*, usada no *Mantra-Yoga*. A segunda Seção dos *Shiva-Sūtras*, que estamos estudando, trata do método que leva à aquisição de tal conhecimento com o auxílio de *mantras*.

O estudante deve observar por que este mesmo método tem sido usado para o propósito de adquirir conhecimento concernente às realidades internas da existência e também, como objetivo final, o conhecimento da Realidade Única a qual contém todas estas realidades em forma harmonizada e misteriosa. Conforme foi observado no primeiro aforismo desta seção, a estrutura completa do conhecimento no reino da mente é baseada em vibrações. A Ciência dos *mantras* é o corpo ou veículo desse conhecimento como um todo, e assim, se desejamos qualquer tipo especial de conhecimento, devemos encontrar e usar corretamente o *mantra* particular que nos ajudará a fazer surgir em nossa mente aquele conhecimento. Mesmo que desejemos obter o supremo conhecimento da Realidade, que está além do reino da mente, teremos que usar uma técnica baseada nos *mantras*, portanto, dentro ainda do reino da mente. Pode parecer estranho que devamos adotar meios mentais para nos erguermos acima da mente, mas este é um fato baseado na experiência de inúmeros buscadores da Verdade. O significado do que é afirmado neste enigmático afo-

---

[4] A Ciência do Yoga, I. K. Taimni. 5 Ed., 2011. Editora Teosófica. Brasília-DF. (N.E.)

rismo em discussão deve ter ficado claro com o que foi dito acima.

Garbhe cittavikāso 'vishista – vidyā – svapnah

II. 4 – "A espécie inferior de conhecimento, que se desenvolve através da mente no reino de *Māyā*, ou *Prakriti*, é da natureza do sonho, ou seja, puramente imaginária e não real."

Já foi comentado antes como todo conhecimento produzido na mente por uma espécie de vibração ou outra é semelhante a um sonho, isto é, irreal. Esse conceito se aplica a todo esse tipo de conhecimento, sutil ou denso, obtido no plano físico ou nos planos superfísicos. Ele é sempre o resultado da ilusão, mais ou menos sutil ou grosseira, embora não o percebamos devido à influência de *Māyā* que jaz na base mesma da manifestação e produz *bheda-bhāva*, isto é, a tendência que nos leva a ver a multiplicidade na Realidade Única.

A espécie mais inferior de conhecimento, obtida através dos órgãos dos sentidos sob a forma de sensações, foi aceita até mesmo pela Ciência como sendo ilusória e enganosa. A Ciência não depende mais de tal conhecimento em sua busca da realidade que ela considera ser a base do universo manifestado. Em seu esforço por manter a mente e a consciência afastadas da filosofia do materialismo científico, a Ciência recorreu à matemática e elaborou uma concepção incompreensível da realidade, feita unicamente de abstrações matemáticas. Mesmo esse conhecimento abstrato, obtido sem o auxílio dos órgãos dos sentidos, é produzido por vibrações que têm lugar no veículo da mente superior, sendo portanto ilusório, embora a Ciência desconheça esse fato familiar aos Ocultistas. Todo conhecimento obtido no reino da mente e maculado pela ilusão é designado como *parā-vidyā*, ao contrário do conhecimento da Realidade, chamado *aparā-vidyā* em sânscrito.

Esta distinção entre o conhecimento inferior e o superior, ou entre *parā-vidyā* e *aparā-vidyā*, foi trazida a lume, de maneira muito clara, na terceira seção dos *Yoga-Sūtras*. No *Vibhūtipāda* são enumeradas algumas espécies de conhecimento adquiridos no reino da mente pelo emprego do *sabīja-samādhi*, sendo cada espécie de conhecimento acompanhada do poder a ele inerente. Tais poderes são chamados *vibhūtis* ou *siddhis*, na terminologia do *Yoga*, sendo a onisciência e a onipotência a mais alta espécie de conhecimento e o mais alto tipo de poder no reino de *Prakrti*.

O conhecimento desenvolvido no reino da mente é completamente diverso do verdadeiro conhecimento que é Real e portanto eterno, autoexistente e autoiluminado. É como o reflexo do sol num tanque de água escura, o qual varia com a condição da água. É parcial ao extremo e, sendo apenas aparência, é irreal.

O conhecimento superior e o método usado para obtê-lo são referidos na última seção dos *Yoga-Sūtras*, chamada *Kaivalya-Pāda*. É adquirido por uma técnica mental diferente, denominada *nirbīja-samādhi*. As ilusões mais sutis criadas pela mente devem ser eliminadas, nos últimos estágios do *nirbīja-samādhi*, pela prática intensa de *viveka* e *vairāgya*. Ainda assim, somente quando *dharma-megha-samādhi* tiver sido alcançado é que o verdadeiro conhecimento da Realidade despontará na consciência do *Yogue* e o tornará completa e permanentemente livre das ilusões e limitações peculiares à espécie inferior de conhecimento. Este novo tipo de conhecimento, denominado *nityodita-samādhi* no *Pratyabhijñā Hridayam*, é o objetivo supremo do *Yoga* e tem o nome de *parā-*

vidyā. É esse conhecimento transcendental da Realidadeque é mencionado no aforismo seguinte como *Shivāvasthā*.

Vidyāsamutthāne svābhāvike khecarī shivāvasthā

II. 5 – "O conhecimento supremo, que surge na consciência pelo emprego de meios apropriados, não é viciado pelas limitações da individualidade e somente pode existir além da manifestação num Estado de Vazio que é o Estado Supremo da Realidade denominada Shiva."

Ao contrário do conhecimento da esfera da mente referido no aforismo anterior, o conhecimento inerente à Autorrealização é Real, Autoexistente, Autoiluminado, e o seu veículo não é nada que seja de natureza objetiva nos mundos da manifestação. Até mesmo o ponto através do qual um *Ātmā* individual ou Mônada funciona e que serve de veículo para a consciência nos planos espirituais mais elevados, impõe enormes limitações à Realidade em sua expressão nos mundos manifestados. Portanto, é somente quando a consciência ultrapassa esse ponto e liberta-se das influências limitadoras, emergindo no mundo da Realidade, que lhe é possível transcender todas as espécies de limitações e ilusões e funcionar em seu autêntico e Real Estado que não é nada mais do que a pura Consciência universal – designada *Shivāvasthā* no presente aforismo.

É essa Realidade Última a base tanto do imanifesto quanto do manifesto, que é o objetivo supremo do *Yoga*, e o qual todo o ser humano está destinado a alcançar um dia. Para nós, naturalmente, é impossível compreender a natureza desta Realidade e ainda menos expressá-la através do veículo imperfeito que é a linguagem.

Nada existe, porém, mais fascinante e profundo na literatura oculta e mística do que as descrições, mesmo que não adequadas, desse Estado, feitas por ocultistas, místicos e poetas de todos os tempos. Os *Upanixades* e obras congêneres da literatura religiosa e filosófica em sânscrito estão repletos dessas tentativas de descrever o indescritível, e um estudo cuidadoso dessa preciosa literatura não pode deixar de erguer o aspirante sincero, que tenha a potencialidade necessária, a um plano mais elevado do ser e inflamá-lo com o desejo de encontrar este Segredo dos segredos, eternamente oculto no seu próprio coração.

É necessário ponderar detidamente sobre o sentido das palavras e expressões do importante aforismo em estudo para alcançar seu significado mais profundo.

Vidyā – O vocábulo sânscrito *vidyā* é usado tanto para o conhecimento inferior quanto para o superior, mas o aforismo em estudo, obviamente, se refere ao conhecimento superior, o conhecimento da Realidade que transcende as limitações dos mundos manifestados e torna o indivíduo que o tenha conquistado um *Mahātmā* liberado.

Samutthāne – Nesta palavra, o prefixo *sam* significa "da maneira apropriada". Isto quer dizer que o conhecimento Supremo da Realidade somente pode ser obtido não apenas por meios adequados, mas tambem aplicados da maneira correta. Um método pode ser intrinsecamente correto, mas se for aplicado de maneira incorreta ou pouco inteligente, não trará os resultados desejados, como está evidenciado, repetidamente, na aplicação das leis e dos fatos científicos nos processos tecnológicos. Não devemos esquecer que nessa segunda Seção, chamada *Shāktopāya*, estamos tratando com os métodos nos quais a iniciativa e o esforço do discípulo exercem importante papel no seu desenvolvimento espiritual.

Svābhāvike – A palavra sânscrita *svābhāvike* geralmente significa "pertencente à sua própria natureza", "inerente", e é usualmente interpretada como indicando a natureza Real, integrada no imanifestado, em oposição à natureza irreal e diferenciada no mundo da manifestação. No presente contexto, porém, parece mais apropriado interpretar o vocábulo como "desprovido de Eu", ou agindo como um Todo, e não a partir de um Centro individual de Consciência. Cada indivíduo na manifestação, desde um homem comum até um Logos, funciona através de um Centro que centraliza a oniabrangente e onipresente Realidade, e ao mesmo tempo limita a consciência e os poderes inerentes nesta consciência, como foi tão aptamente expresso no *Pratyabhijñā Hridayam*. É somente a Consciência universal no imanifesto que é fonte única dos universos manifestados que aparecem na eterna alternação de *shristi* e *pralaya*, que está acima ou além do Grande Ponto ou *Mahābindu*, através do qual a manifestação tem lugar. Este Supremo Estado é indicado como *Shivāvasthā* no presente aforismo. É porque está além do Grande Ponto, no Eterno Imanifesto e "desprovido de Eu", que ele pode servir de fonte e base de todos os eus, ou unidades de consciência, atuantes no manifesto.

Khecarī – A palavra *kha* significa "céu", "zero", "vazio", etc. *Khecarī* no presente contexto refere-se àquilo que pode existir e funcionar somente num vazio. É muito conhecida no Ocultismo a doutrina de que a Realidade Suprema apenas pode existir e funcionar num vazio, por ser Autocontida, Autodeterminada e completamente livre de limitações de qualquer natureza. Até mesmo um ponto limitaria a sua natureza ilimitada e livre, como acontece quando essa Realidade desce através do *Mahābindu* ou o Grande Ponto, para criar e manter um mundo manifestado e funciona nesse mundo, de acordo com as leis da Natureza sobre as quais se baseia um universo manifestado. É verdade que essas leis são inerentes à própria Realidade Suprema e dela derivam mas, no imanifestado, elas permanecem em forma potencial e não exercem suas funções limitadoras. O uso da palavra *khecarī* em referência a este Estado Supremo será por isso visto como muito apropriado do ponto de vista Oculto.

Gurur upāyah

II. 6 – "O meio para obter este conhecimento supremo pode ser aprendido com o nosso Instrutor espiritual que já alcançou a Autorrealização."

Como adquirir este Conhecimento real mencionado no aforismo anterior, distinguindo-o do conhecimento irreal enfocado no aforismo II. 4? Isso pode acontecer somente com o auxílio do instrutor espiritual que tenha aceitado o aspirante como um discípulo e seja competente para ajudá-lo a trilhar a Senda. O papel do *guru* no desenvolvimento espiritual do discípulo é muito importante, embora esteja cercado de mistério e seja difícil de entender. Não é possível discutir aqui esta questão mas, de modo geral, pode ser dito que o seu papel é de um guia e um instrumento da Vida Divina ao passar para o discípulo qualquer conhecimento ou ajuda necessários ao seu estágio particular de evolução e às circunstâncias em que está colocado. O conhecimento e o poder vêm de cima, mas eles vêm através do *Guru* que é o agente e o instrumento da Vida Divina para essa finalidade.

O *Guru* que é capaz de servir como um guia nos estágios mais elevados da senda do discipulado, deve ser um *Jīvanmukta*, tendo já percorrido a Senda e alcançado a meta da Autorrealização e Liberação. Pois somente um tal Iluminado pode servir como agente consciente da Vida Divina e comunicar qualquer conhecimento e auxílio necessitados pelo discípulo. Não é necessário que tal instrutor esteja em contato com o discípulo no plano físico, pois ele tem o poder e a capacidade necessários de prestar assistência ao *chela* mesmo à distância. Muitos discípulos estão sendo constantemente ajudados pelos seus *Gurus* dessa maneira, sem ter conhecimento do fato porque o conhecimento que necessitam surge de seus próprios corações e é difícil para eles distinguir de onde ele procede: se do seu Eu Superior, do *Guru* ou do seu próprio Deus Interior.

Um aspecto importante deste papel do *Guru* é a iniciação do discípulo nos mais profundos mistérios da vida espiritual pelo soerguimento temporário da consciência do discípulo a estados mais elevados ao manipular certas forças que operam dentro do corpo e, por meio delas, despertando os *chakras*. Os métodos para a obtenção desses resultados fazem parte dos mistérios da vida espiritual e constituem um segredo muito bem guardado. Por isso somente aqueles que estão qualificados, moral e espiritualmente, para receber tão profundo conhecimento são, dessa maneira, iniciados a fim de ser evitado um mau uso dos poderes que são inerentes em tal conhecimento.

Toda a ideia da iniciação e da relação entre o *Guru* e o seu discípulo tem sido grosseiramente vulgarizada pelos que se arvoram em Instrutores espirituais sem ter atingido uma verdadeira realização espiritual necessariamente, e que exploram pessoas bem intencionadas porém ingênuas, objetivando seus próprios interesses e conferindo toda espécie de títulos grandiosos aos seus discípulos e a si mesmos.

Mātrikā - chakra – sambodhah

II. 7 – "O Instrutor espiritual que inicia o discípulo assim o faz ao unir sua própria consciência com a daquele e dando a este último o conhecimento direto do *mātrikā-chakra* através do qual o poder do 'Som' desce à manifestação."

Este aforismo dá alguma indicação sobre o modo como o líder espiritual auxilia um discípulo adequadamente qualificado. O método de Autorrealização considerado nesta seção é baseado na utilização do poder do Som oculto nos *mantras*, e este aforismo sugere a maneira como o instrutor inicia o discípulo no segredo desse poder do som incorporado nos *mantras*. De acordo com este aforismo, ao ser iniciado o *chela* é colocado pelo *Guru* em contato com o centro através do qual este Poder desce a todo o reino da manifestação, em escala macrocósmica, e, em escala microcósmica, aos centros ou *chakras* nos veículos dos discípulos. Como é sabido, o corpo físico contém um certo número de *chakras* que desempenham várias funções no corpo, ou servindo como instrumento para colocar a consciência do indivíduo em contato com os planos sutis. O poder que flui através desses diversos centros se deriva do *mātrikā-chakra*, e alguém que esteja em contato com este último pode captá-lo e manipulá-lo de acordo com suas necessidades e propósitos.

A palavra *sambodhah*, aqui usada para significar a iniciação no mistério do *mātrikā-chakra*, é muito expressiva, dando à sua própria estrutura uma ideia do *modus operandi* do processo. O prefixo *sam* significa "junto" e a palavra *bodha* quer dizer "percepção". Assim, a palavra composta indica "percebendo juntos". É concisa e eficiente esta maneira de expressar o fato de que o *Guru* produz uma fusão da consciência do discípulo com a sua própria, e assim juntos são capazes de perceber a verdade que pretende ser comunicada ao discípulo. Este é apenas um vislumbre temporário e parcial, mas produz dois efeitos marcantes. O primeiro é colocar o discípulo em contato direto com o centro do Poder Divino, e assim habitá-lo a acessar este poder na medida da sua capacidade e necessidades. O segundo é capacitá-lo para desenvolver em si mesmo por seu próprio esforço, a capacidade de desenvolver sua própria consciência espiritual, e trilhar a Senda que, finalmente, conduz à Autorrealização. Este é um processo longo e exige, durante muito tempo, autoconfiança, persistência e ingente esforço da parte do discípulo. A iniciação somente pode começar o processo. A conclusão do processo somente pode ser alcançada pelo discípulo pelos seus próprios esforços individuais, assistido pelo seu *Guru*, de tempos em tempos, quando uma ajuda se fizer necessária. Quanto mais o discípulo avançar na senda da Iluminação, mais será entregue aos seus próprios recursos e iniciativas, para o seu progresso individual. Porque o objetivo de todo esse treinamento e Autodisciplina é desenvolver um *Mahātmā* Liberado, perfeitamente Autoequilibrado, Autoconfiante e Autossatisfeito.

A iniciação é um mistério da vida interior levado à cena e revelado na câmara secreta do nosso próprio coração. Não pode ser tornada pública ou dramatizada para a glorificação do iniciador ou do iniciado. Qualquer esforço neste sentido é vulgarizar o conceito em sua totalidade e envolver essas coisas em um redemoinho de suspeita, dúvida e inveja. De fato, onde quer que essas condições indesejáveis estejam presentes, podemos estar certos de que não estamos tratando com os mistérios genuínos da vida interior, mas apenas com imitações exibidas por pessoas muito imaturas espiritualmente para que lhes sejam confiados os segredos da vida interior.

Sharīram havih

II. 8 – "Na prática dos métodos ensinados pelo Instrutor espiritual o corpo ou os veículos da consciência do discípulo são queimados no Fogo do Conhecimento da Realidade e cessam de obscurecer e confinar sua consciência."

Este aforismo expressa em linguagem metafórica um profundo mistério da vida espiritual, experimentado quando a consciência do *Yogue* se expande para abranger num largo abraço tudo o que existe no universo, desde as realidades dos planos espirituais até os objetos do mundo físico. Até mesmo o corpo do *Yogue*, que é parte do universo físico, é absorvido pela consciência em seu vasto âmbito, mero objeto de percepção igual aos outros objetos com os quais sua consciência não se identifica de modo especial, e por isso permanece não afetada de nenhuma maneira.

Deve ser observado que o poder escravizador de um objeto depende do apego produzido pela identificação da consciência com o mesmo. A simples presença do corpo, ou outro objeto qualquer no campo da consciência como um *pratyaya,* não produz em si mesmo apego e, consequentemente, escravidão. De fato, todas as atividades do corpo podem ser exercidas como de costume sem, em absoluto, afetar a percepção constante da Realidade, como acontece no caso de um *Jīvanmukta*. Esta percepção da Realidade impregna de forma ininterrupta a mente e suas atividades e não é obscurecida pelo *pratyaya* que, de momento, ocupe a mente.

Este desempenho das atividades da mente e do corpo como algo usual no caso de um indivíduo liberado é muito enganoso e algumas vezes cria dúvidas nas mentes daqueles ao seu redor com relacão às suas realizações espirituais. Estas pessoas tendem a pensar: "Se o *Jīvanmukta* vive externamente como qualquer outra pessoa, qual é a diferença entre ele e o homem comum, envolto nas atrações e ilusões do mundo? E por que nos preocuparmos em fazer tão grandes esforços para chegar à Autorrealização?" Não sabem elas que existe um mundo de diferença entre os estados de consciência dos dois, mesmo que as atividades externas e o comportamento possam ser, em grande medida, os mesmos. Eles não podem ser os mesmos em todos os aspectos porque, no *Jīvanmukta*, a consciência da unidade e o desprendimento em relação aos objetos, forçosamente se expressam de maneiras incomuns como, por exemplo, na bondade e na compaixão em relação aos outros e na completa indiferença quanto aos próprios prazeres, alegrias e tristezas. Mas o *Jīvanmukta* tem, como os demais, que comer e dormir como qualquer pessoa para poder executar o seu trabalho como agente da Vida Divina, e de forma a cumprir suas obrigações no ambiente em que vive assim como os demais.

    A imensa diferença que existe entre os estados da mente e as atividades do homem comum e os do *Jīvanmukta* realmente só pode ser conhecida por aqueles que conseguiram desenvolver a própria consciência espiritual, embora o aspirante sincero, que foi capaz de desenvolver sua faculdade intuitiva, poderá sentir até certo ponto a distinção. As pessoas ainda inteiramente envolvidas nos interesses mundanos e nas atividades egoístas, provavelmente não verão nenhuma diferença. A própria simplicidade de vida e a total ausência de afetação no *Jīvanmukta* impedem as pessoas comuns de perceber a grandeza que se esconde por detrás desta simplicidade externa. Somente podemos perceber nos outros aquilo que foi desenvolvido, pelo menos em parte, dentro de nós mesmos. Não se trata aqui apenas de observar e pensar, mas de experimentar diretamente em nossa própria consciência. O aspirante deve, portanto, manter-se alerta contra tais enganos e preconceitos pessoais quando em contato com pessoas desenvolvidas espiritualmente, que lhes pareçam comportar-se, em assuntos vitais, de maneira diferente das pessoas comuns que as rodeiam.

Todavia é verdade que, no caso de pessoas altamente evoluídas espiritualmente, esta necessidade de viver no mundo como pessoas comuns em certo sentido, é às vezes utilizada por indivíduos inescrupulosos que se apresentam como grandes *Yogues* e que afirmam ser, a despeito do seu comportamento externo, liberados e estabelecidos na Verdade. Existem muitos *Gurus* na Índia que se proclamam *Jīvanmuktas* ou são considerados como tal pelos seus discípulos altamente emotivos, quando não passam de pessoas comuns, meramente conhecedores do saber da vida espiritual e da literatura religiosa. Ninguém pode dizer que eles não são *Jīvanmuktas*, porque sua vida externa é semelhante à das pessoas comuns. Quem possuir discernimento espiritual, no entanto, perceberá, clara e facilmente, a diferença. Assim, devemos estar alertas para suspender nosso julgamento e controlar nossa língua.

Jñānam annam

II. 9 – "E o tipo inferior de conhecimento mental, citado anteriormente no aforismo II. 4, é queimado no Fogo do Conhecimento da Realidade que desponta."

Vidyā (conhecimento inferior) e *sharīra* (o veículo deste conhecimento), mencionados no aforismo II. 3, são os dois principais obstáculos à liberação da consciência da escravidão e o segredo de sua existência e poder escravizador está oculto no mistério dos *mantras*, ou poder do "Som". O *Guru* inicia o discípulo nesse mistério, como está enunciado nos aforismos II. 6 e II. 7. O discípulo desvenda o mistério completamente por seus próprios esforços persistentes, como afirma o aforismo II. 2. O que acontece quando o mistério é desvendado e é revelada a Verdade subjacente ao mundo fenomênico? Várias coisas.

Uma delas está indicada no aforismo antecedente. O corpo do discípulo – que no presente contexto compreende todos os veículos da mente e da consciência em conjunto – é queimado no Fogo do Conhecimento da Realidade e cessa de obscurecer e confinar sua consciência. Outra notável mudança interior que ocorre é que o conhecimento ilusório e falso que se expressou através dos veículos do discípulo, denominado *jñāna* neste aforismo, é também simultaneamente queimado no Fogo do Conhecimento, que resplandece e reduz tudo o que se encontra no mundo manifestado a si mesmo.

É necessário que o aspirante reflita por algum tempo sobre esse processo de redução de todas as coisas do mundo manifestado à Realidade Única e entenda claramente o que ele significa, a fim de evitar que ele perceba essa fascinante concepção através de uma névoa de ideias confusas e errôneas. A mudança que tem lugar na consciência do *Yogue,* quando ele penetra no mundo da Realidade, tem sido expressa de muitas maneiras, pelo uso de várias metáforas e palavras de significado não usual.

Na primeira seção dos *Shiva-Sūtras,* a palavra usada é *Samhāra*, que normalmente significa "destruição", mas ali expressa "desaparecimento por assimilação com a Realidade Una". No aforismo XV do *Pratyabhijñā Hridayam,* a mudança na consciência é indicada quando se diz que o Fogo de *Citti* reduz a si mesmo o universo inteiro. No aforismo que estamos comentando e no anterior, o fato de todas as coisas serem vistas na Realidade Una, e como expressões desta Realidade, é indicado na afirmativa de que o falso conhecimento e o veículo através do qual esse conhecimento é expresso são queimados no Fogo do Conhecimento da Realidade, revelado na Autorrealização.

Um estudo cuidadoso dos diferentes métodos de apresentação da mesma verdade profunda e a ponderação constante sobre a importância vital do conhecimento dessa verdade deveriam capacitar o aspirante intuitivo a obter pelo menos um vislumbre de sua natureza e fortalecer o impulso que o leva a buscar, e encontrar, a Verdade que está oculta dentro dos nossos corações.

Vidyāsamhāre taduttha-svapna-darshanam

II. 10 – "Com o desaparecimento da ilusão peculiar à espécie inferior do conhecimento mental, a natureza semelhante ao sonho do mundo mental criado pela mente do discípulo é percebida."

Nos dois aforismos precedentes foram discutidos dois aspectos da mudança que tem lugar na consciência do Iogue com o atingimento da Autorrealização. O presente aforismo trata de um terceiro aspecto que se relaciona com os dois primeiros sendo, porém, muito mais amplo e significativo. Este aspecto se prende à natureza essencial do mundo da manifestação, onde as Mônadas evoluem e do qual finalmente se libertam ao chegarem à Autorrealização.

Ninguém, em são juízo, pode negar como um fato patente que a vida neste mundo é viciada por toda a espécie de ilusões. Mas este ponto de vista sobre a natureza do mundo manifestado é na verdade incompleto quando visto desde o supremo ponto de vista, ou seja, quando este mundo é visto na Luz da Realidade. Então vemos que não é apenas a vida neste mundo que está cheia de ilusões, grosseiras ou sutis, mas que este próprio mundo, em sua totalidade, é uma Grande Ilusão. Há uma enorme diferença entre os dois pontos de vista em relação à natureza do mundo manifestado. O primeiro ponto de vista implica que embora certas ilusões sejam inerentes em nossa vida, há outros aspectos que estão livres de ilusões. É esta última qualificação relativa à natureza da ilusão que permeia a vida humana que se busca remover neste aforismo. Não é que o mundo da manifestação sofra de ilusões de vários tipos, mas todo o mundo que é criado por nossa mente é fenomênico ou é baseado na Ilusão. Essa percepção somente ocorre quando se ingressa no mundo da Realidade e o mundo da manifestação, tal como existe em nossa mente, é visto na Luz desta Realidade.

Neste aforismo, a maneira pela qual esta verdade fundamental é apresentada deve ser claramente compreendida. A expressão sânscrita *vidyāsamhāre* indica que a ilusão relacionada com a natureza fenomênica de todo o mundo da manifestação é resultado da imperfeição do nosso conhecimento que *não* é iluminado pela Luz da Realidade. O indivíduo Autorrrealizado continua a ver o mesmo mundo de antes, agora porém o vê à Luz da Realidade, e por isso não existe ilusão no conhecimento do mundo em que ele vive e trabalha. Portanto, a ausência de percepção da Realidade é que é a causa da ilusão e não a própria manifestação se vista na perspectiva correta como expressão da Realidade Una.

O termo *taduttha*, que significa "originando-se de", tem por finalidade acentuar o fato de que a falha em nossa concepção do mundo é em razão de uma falha fundamental em nosso conhecimento e não a uma noção errônea comum. É somente quando esse defeito fundamental é removido, ao nos conscientizarmos dele, que somos capazes de ver este mundo, em sua verdadeira ou real natureza assim como na forma ilusória que este mundo real produz em nossa mente. A percepção simultânea dos dois mundos existentes lado a lado é indicada no aforismo IV. 12 dos *Yoga-Sūtras* (v. o comentário ao *sūtra* IV. 12 no livro *A Ciência da Yoga,* de I. K. Taimni).

Qual é a natureza do mundo ilusório produzido em nossa mente, o único percebido pela pessoa que ainda está envolvida nas ilusões e limitações dos mundos inferiores? De acordo com o aforismo em estudo, ele é da natureza do sonho, ou *svapna*.

Para podermos realmente entender o que significa essa afirmativa enigmática, devemos examinar as verdadeiras características de um sonho e compará-las com o mundo ilusório produzido em nossas mentes. Todos nós temos experiência pessoal dos nossos sonhos quando adormecidos e, se já refletimos detidamente sobre o assunto, devemos estar familiarizados com os seus aspectos mais evidentes.

Em primeiro lugar, os sonhos são fenômenos puramente subjetivos, sem nenhuma ligação direta com os fatos do mundo físico, o qual consideramos como relativamente verdadeiro. Em segundo lugar, eles são caóticos, isto é, não têm base na razão ou senso comum. Na vida do sonho vemos e fazemos muitas coisas que não veríamos, nem faríamos em estado de vigília, por serem completamente absurdas. Isso se deve a que a nossa constituição interna é tal que, na vida de sonho, a mente trabalha sem nenhum contato com *buddhi*, ou discernimento. Por isso o processo do pensamento não pode ser regulado pelo seu monitor, a mente inferior. Em terceiro, não percebemos serem os sonhos puramente subjetivos e caóticos durante o sonho, mas apenas quando acordamos e voltamos ao mundo relativamente real do plano físico, retomando o contato com as faculdades da razão e nossa intuição.

    Se considerarmos cuidadosamente nossa vida normal de vigília, veremos que todas as três características da vida de sonho, mencionadas acima, estão presentes na vida comum de vigília quando comparada esta com nossa Vida Real de que nos tornamos conscientes na Autorrealização. Começamos por perceber que a nossa vida comum é puramente mental e centrada em nossa mente, e que é inteiramente falsa a impressão de estarmos vivendo uma vida tríplice nos planos físico, emocional e mental. Esses diferentes planos em que a consciência funciona produzem espécies diferentes de impressões, mas a substância, ou natureza, dessas impressões, é mental, e é somente em nossas mentes que vivemos o tempo todo. Um pouco de autointrospecção nos ajudará a compreender a veracidade deste importante fato.

    Em segundo lugar a nossa vida comum não é realmente baseada na razão ou no bom-senso. Vivemos geralmente em completa indiferença em relação às realidades com que nos defrontamos por todos os lados. Sabemos que temos de viver no plano físico somente por alguns anos e depois atravessarmos os portais da morte para uma outra vida e, ainda assim, pouco nos importa saber a natureza dessa vida desconhecida além da morte, e vivemos a nossa vida presente como se tivéssemos de permanecer aqui para sempre. Sabemos, por experiência, que a indulgência em prazer de qualquer espécie nunca nos dá satisfação permanente, pelo contrário, aumenta o desejo da repetição daquele prazer e indulgência com outras espécies de prazer. Entretanto, continuamos a condescender com tudo aquilo a que nos habituamos. Se examinarmos de modo impessoal a nossa vida inteira, veremos que ela está maculada pela irracionalidade, porém estamos tão acostumados a essas coisas que as tomamos como corretas e dificilmente estamos cônscios desses defeitos.

Em terceiro lugar, continuaremos a ignorar essas falhas enquanto estivermos absorvidos nas buscas ilusórias deste mundo. Podemos pensar que já conhecemos esses enganos; mas, verdadeiramente, isso não acontece, pois seguimos vivendo a nossa vida diária como se eles não existissem. É apenas quando a Autorrealização tem lugar que compreendemos a natureza das limitações e ilusões de que sofríamos, e a nossa vida comum é vista tal como realmente é. Somente à Luz da Realidade essas limitações e ilusões inerentes ao mundo da manifestação são percebidas verdadeiramente e deixam de afetar-nos, porque nos tornamos realmente conscientes delas e as mesmas deixam de ser meramente ideias presentes em nossa mente. Podemos, então, ver, lado a lado, os dois mundos: o Real e o ilusório e, mesmo vivendo e trabalhando no mundo da manifestação, não somos afetados por suas ilusões. É esse fato importante da vida espiritual que se busca expressar na frase *svapna-darshanam*.

As pessoas que se acham completamente imersas nas atrações e nos interesses da vida mundana não podem perceber esses fatos óbvios e passam por eles sem ao menos notarem a sua existência. Estas pessoas, às vezes, até zombam dos que lhes apontam tais fatos e da necessidade de se libertarem das limitações e ilusões nas quais estão envolvidas e dos consequentes sofrimentos que padecem desnecessariamente. Elas pensam que são realistas, e chamam de visionários os que, segundo elas, desperdiçam o tempo na futilidade do pensamento filosófico, vivendo num mundo de faz-de-conta. Na realidade, as pessoas que se interessam pelo pensamento filosófico, pelo menos parcialmente, estão de certa forma conscientes das ilusões da vida e delas tentam libertar-se.

Seção III
ĀNAVOPĀYA

Ātmā cittam

III. 1 – "A mente é apenas uma derivação e uma forma diferenciada da Consciência pura centralizada, essencialmente da mesma natureza da Consciência."

A terceira e última Seção dos *Shiva-Sūtras* é chamada *Ānavopāya* e, como nela são tratados múltiplos e variados assuntos, faz-se necessário explicar, em poucas palavras, a escolha do seu título, antes de comentar o aforismo em questão.

O vocábulo sânscrito *anu* significa "sutil", "atômico", e se aplicava ao átomo porque este era o menor objeto conhecido na manifestação. Na verdade, o limite do infinitesimal é o ponto matemático, e a palavra *anu* pode ser considerada como equivalente ao ponto matemático. Nos *Upanixades* a conotação de *sūkshma* (sutil) é encontrada em muitas referências a *anu* como, por exemplo, na seguinte:

"O *Paramātmā*, que mora no interior do coração do *Ātmā* individual, é mais sutil que a sutileza máxima, e maior que a imensidão. Somente aqueles que são totalmente livres do desejo e de preocupações de qualquer espécie que podem conhecê-lo através de Sua graça". (I-2-20 *Kathopanisad*).

A palavra *Ānavopāya* significa os vários aspectos e métodos ligados à manipulação do mecanismo psicomaterial através do qual o *Ātmā* individual, ou Mônada, funciona nos diferentes planos na manifestação. Lembremo-nos, porém, de que embora o *Ātmā* funcione através de um ponto, dentro deste ponto estão ocultos a Consciência infinita e o Poder de *Paramātmā*, o Supremo Espírito do Shiva-Shakti-Tattva, em forma potencial. Assim, não há limite para a expansão da consciência e para o desenvolvimento de poderes, e a Autorrealização que liberta o indivíduo das ilusões deste mundo manifestado não passa de um estágio nesse processo infinito de expansão.

O primeiro aforismo desta Seção, que estamos considerando, afirma com duas palavras, que *Citta*, ou mente, é derivada do *Ātmā* individual e surge quando a consciência, antes integrada, se diferencia ao voltar-se para fora, em vez de continuar em seu Real estado Autocentrado. É muito importante este ponto, porque ele explica muitos problemas da psicologia e técnica do *Yoga* e define claramente, sem deixar margem a dúvidas, a relação entre a mente e a consciência. Ele mostra como um mundo mental brota da consciência pela ação do aspecto *Cit* do tríplice Eu (*Sat-Cit-Ānanda*), e como esse mesmo mundo pode ser reabsorvido (*laya*) na consciência com a cessação da atividade mental, ou *citta-vritti-nirodha*.

Já que o mundo em que vivemos é, em essência, de natureza mental, é fácil perceber que a consciência é a base última do universo manifestado. Quando a Realidade Última, chamada *Paramātmā*, é centralizada e começa a funcionar através de um ponto, ela torna-se o *Ātmā* individual, comumente chamado Mônada. Esse *Ātmā* associa-se a um conjunto de veículos nos diferentes planos, e a interação da sua consciência e os objetos de cada um dos planos produz os fenômenos mentais daquele plano. Nos planos inferiores a interação tem por instrumento os órgãos dos sentidos. Nos planos superiores é o centro comum da mente e da consciência que preenche essa função. A relação entre os diferentes princípios pode ser assim representada:

Paramātmā → *Ātmā* Centralizado → Mente → Sensações.

Na série acima, cada princípio pode descer ao princípio inferior seguinte e também pode reverter ao princípio imediatamente superior, empregando métodos da técnica do *Yoga*. As sensações se retiram para dentro da mente por *pratyāhāra*, a mente se retira para dentro do *Ātmā* por *citta-vritti-nirodha,* e o *Ātmā* se funde com *Paramātmā* pela descentralização. É essa percepção da nossa natureza Divina como *Ātmā* e *Paramātmā* que é buscada na Autorrealização.

Ātmā e *Paramātmā* possuem, essencialmente, a mesma natureza e representam os aspectos "Múltiplo" e "Uno" da mesma Realidade. No Hinduísmo, o "Uno", ou aspecto universal, é a tal ponto enfatizado que muitas pessoas pensam que, na Autorrealização, o *Ātmā* desaparece por completo e para sempre, no *Paramātmā*, e a sua identidade separada se aniquila. Esta ideia foi belamente enunciada por Edwin Arnold (1) na frase: "a gota de orvalho cai no mar reluzente". Mas isso não é o que nos diz a doutrina Oculta sobre a relação entre *Ātmā* e *Paramātmā*. Segundo esta doutrina, o centro de *Ātmā*, que é eterno, continua a existir na Autorrealização, embora a circunferência se torne cada vez mais ampla e, após a união com o *Paramātmā*, deixe de ser um poder limitador e escravizador do *Ātmā* individual. Toda a concepção da manifestação Logoica e dos *Adhikāri Purushas* pressupõe a persistência do centro de consciência nos mais altos estágios do seu desenvolvimento.

A ausência do conceito de integração e diferenciação na filosofia hindu tornou difícil compreender claramente a relação entre a consciência e a mente. O processo de aparecimento da mente a partir da consciência, e a volta posterior à consciência por reabsorção (*laya*) são reconhecidos, mas o *modus operandi* não é definido ou entendido com precisão. É a ideia científica de integração e diferenciação que pode tornar essa relação mais significativa, clara e definida.

Jñānam bandhah

III. 2 – "É o conhecimento mental, viciado pela ilusão da dualidade, que é a fonte e o instrumento da escravidão do Espírito no homem o qual é inerentemente livre e essencialmente uma expressão da Realidade."

A ideia por detrás deste aforismo foi expressa num aforismo anterior, exatamente com as mesmas palavras (v. I. 2). O motivo da repetição é elaborar a ideia, pois a questão é tratada no presente contexto do ponto de vista de um *Ātmā* individual. Ele deve ser compreendido clara e completamente a fim de que meios apropriados possam ser adotados para libertar o *Ātmā* de sua escravidão. Nesta Seção a ênfase reside nos problemas individuais e nos esforços individuais[5].

A palavra *jñāna*, assim como *vidyā*, é usada em dois sentidos: inferior e superior. Na espécie inferior do conhecimento existe a presença da ilusão da separatividade e das diferenças entre os múltiplos objetos em existência, devido à ausência de percepção da verdade suprema de que em toda a manifestação somente existe Uma Realidade, ou Princípio, subjacente e abrangente. Quando o conhecimento superior é atingido, tudo é visto como expressão da Realidade Una, ou melhor, como sendo a própria Realidade Una, e não há a ilusão causada por se considerar coisas diferentes como sendo fundamentalmente diferentes uma das outras. É essa percepção que liberta o indivíduo das ilusões e limitações peculiares ao mundo da manifestação.

---

[5] V. *A Luz da Ásia*. Edwin Arnold. Editora Teosófica. 1. Ed., 2012, Brasília-DF. (N.E.)

Embora o conhecimento seja assim dividido em duas categorias, o que realmente existe é uma gradação nos diferentes estados de conhecimento, dos mais elevados aos mais inferiores. Algo de muito especial, no entanto, acontece no último estágio, quando é transposto o limiar do *Nirvāna*. Na literatura sobre o Ocultismo prático encontram-se muitas referências ao fato, tais como o atingimento do *dharma-megha-samādhi* e a percepção da unidade do indivíduo com o Espírito Supremo, expressa pela frase sânscrita: *So'ham-hamsah-svāhā*, que ocorre na quarta linha do *Bhūta-Shuddhi mantra* e significa "Ele é 'Eu' e 'Eu sou Ele'". Ela enfatiza a identidade essencial entre o *Ātmā* individual e o *Paramātmā*. Esta extraordinária mudança é descrita em *Luz no Caminho* ao dizer que a luz da consciência individual subitamente se expande na Luz infinita da consciência universal. Nos estágios anteriores do desenvolvimento espiritual, esta luz vai gradualmente crescendo, mas no último estágio ela se transforma repentinamente na Luz infinita que abrange a tudo e torna todas as coisas no Uno. Essa Luz difere qualitativamente dos estágios precedentes porque revela a verdadeira natureza do mundo da manifestação e mostra que até mesmo a onipotência e a onisciência deste mundo têm de ser abandonadas para podermos encontrar a Verdade Suprema, oculta em nossos corações.

Pode ser facilmente entendida a maneira pela qual o conhecimento inferior, existente no reino da mente, torna-se fonte de escravidão, se lembrarmos que o aparecimento da mente, oriunda da consciência, é acompanhado de um *Pratyaya*[6] que carrega a consciência, da mesma forma que as nuvens carregam a atmosfera quando o vapor d'água se condensa, passando do estado gasoso para o líquido. As nuvens permeiam a atmosfera e escondem o Sol, que continua

---

[6] *Pratyaya* = imagem, objeto.

brilhando, mas não pode ser visto de baixo. As nuvens não cobrem nem podem realmente cobrir o Sol que, no entanto, aparece ao observador no chão como encoberto pelas nuvens.

O desaparecimento das nuvens pelo aquecimento ou pela queda de chuvas fará novamente brilhar o Sol da Consciência Espiritual, sem nenhuma obscuridade, no campo da Consciência individual. Esse estado é conseguido pela técnica de *Yoga* de *citta-vritti-nirodha* ou, na terminologia de uma outra escola de autodisciplina espiritual, pela remoção das três espécies de *malas*, ou agentes obscurecedores. Devemos notar que, para uma pessoa que se tenha elevado acima das nuvens, estas deixarão de ser a causa de obscurecimento do Sol. Tal pessoa pode ver o Sol e as nuvens simultaneamente, assim como um indivíduo Liberado pode ver, ao mesmo tempo, o mundo da Realidade e o da manifestação, sem ser afetado pelo último.

Kalādīnām tattvānām aviveko māyā

III. 3 – "A incapacidade de se compreender que os fenômenos do reino da mente são devidos à diferenciação dos princípios, que são inerentes à consciência, é a natureza essencial de *Māyā*, ou é em razão da influência de *Māyā*."

O símile das nuvens impedindo a nossa visão do Sol, usado no último aforismo, ilustra apenas parcialmente a escravidão da Mônada, assim como sua libertação das ilusões e limitações que são inerentes ao universo manifestado. De fato, a liberação não se assemelha ao desaparecimento das nuvens e ao brilhar do Sol Espiritual, sem nenhuma obstrução. Na realização suprema, as próprias nuvens de *citta-vritti* são transformadas em consciência e vistas apenas como um outro aspecto da mesma consciência. Dessa maneira, elas perdem a faculdade de causar obscurecimento. Essa transformação se dá pelo deslocamento do centro de consciência para um nível ainda mais profundo, onde a relação sujeito-objeto não existe, e somente é vista a Realidade Una, completa e integrada. No plano físico percebemos a luz em seus três aspectos de iluminadora, iluminada e iluminação. Porém, suponhamos haver já desenvolvido a capacidade de ver os objetos do plano físico como feitos de luz, como realmente são. O estado tríplice seria transformado em um misterioso estado único, que nos é difícil imaginar.

 É evidente que a nossa incapacidade para ver as expressões de *Ātmā* sob a forma de *kalās*[7], etc., como sendo o próprio *Ātmā* é a responsável pelo poder obscurecedor dessas expressões e das ilusões por elas criadas. Quando é atingida a capacidade chamada *vivekakhyāti* na terminologia do *Yoga*, o obscurecimento e as ilusões desaparecem. A incapacidade de perceber, ou estado de *aviveka*, é causada por *Māyā* ou o poder Divino de produzir ilusão, de acordo com o aforismo em estudo.

 Sem este poder de ilusão exercido por um Logos, ou *Īshvara*, não seria possível a manifestação, assim como nenhum retrato pode ser pintado com tinta branca numa folha de papel branco. É preciso haver o escurecimento do branco, ou a existência de sombras, para ser obtido o efeito claro-escuro que fará aparecer o retrato em preto e branco, sobre o fundo branco do papel. Ver-se-á também que a natureza essencial de *Māyā* é a supressão da Realidade por si mesma, revelando-se sob formas menos reais e envolvendo as Mônadas na manifestação, visando à sua evolução. É por isso que o Poder Divino

---

[7] *Kalās* = aspectos diferenciados da Realidade.

de *Īshvara*, na forma de *Māyā*, é considerado a base do universo manifestado. A concepção acima mencionada de *Māyā* também lançará luz sobre a seguinte afirmação enigmática sobre a natureza de *Shakti*:

Nishedha-vyapara-roopa-shakti

"O Poder funcional da Consciência Divina é parcialmente impedido no mundo fenomênico."

É pela supressão da Divina Consciência integrada, em diferentes graus, pelo Poder Divino inerente nesta Realidade, que o mundo fenomênico é produzido, e as Mônadas nele se envolvem para o desenvolvimento das suas potencialidades Divinas.

É interessante notar que a mesma ideia foi apresentada, de modo diverso, nos *Yoga-Sūtras*, aforismo II. 5. Nesse tratado o vocábulo *avidyā* tem quase o mesmo sentido que a palavra *Māyā* nos *Shiva-Sūtras*. Se o estudante aprendeu com clareza os princípios fundamentais, e desenvolveu, até certo ponto, sua faculdade intuitiva, poderá ultrapassar a forma exterior de expressão e, sem muita dificuldade, chegar à Verdade subjacente. É por essa razão que a compreensão clara dos princípios da Doutrina Oculta, como um todo, é fundamental para um estudante sincero das realidades internas da vida.

Os estudantes poderão melhor entender o significado profundo do presente aforismo se lembrarem que os *kalās* estão no campo de *citta* ou mente, ao passo que os *tattvas* pertencem ao campo da consciência. Os primeiros representam e incorporam os aspectos diferenciados da Realidade e os últimos o seu aspecto integrado. Nós não somos capazes de distinguir os aspectos diferenciados do estado integrado porque a nossa consciência é prisioneira do mundo da mente, e confunde ideias com realidades. Somente quando ela passa através do centro de consciência que separa o mundo dos *tattvas* do mundo dos *kalās*, é que ela pode conhecer a verdadeira natureza dos *tattvas* e distingui-los dos *kalās*, e pode saber também que os *kalās* são, meramente, as formas diferenciadas dos *tattvas*.

O estudante deveria ainda observar a importância da palavra *ādīnām*, a qual indica que a nossa inabilidade para fazer distinções não se restringe aos *kalās* em relação aos *tattvas*. Toda a complexidade do mundo fenomênico concorre para nos conservar em escravidão, enquanto não obtermos a percepção da Realidade e de ver o manifestado como o aspecto da Realidade imanifestada. Somente quando adquirirmos essa percepção é que desaparecerá para nós a distinção entre o Real e o irreal.

Sharīre samhārah kalānām

III. 4 – "Quando os veículos são queimados no Fogo do Conhecimento, como indicado no aforismo II. 8, as diferentes funções dos princípios ou *kalās*, que se expressam através dos veículos, também desaparecem simultaneamente."

Já que os *kalās* são funções da consciência manifestando-se através de um corpo ou *sharīra*, é natural que a retirada da consciência de um veículo levará também ao desaparecimento das funções executadas por meio desse veículo. Isso é muito claro, mas há neste aforismo um significado ainda mais profundo, que merece nossa atenção.

Embora a realização dos diversos estados de consciência seja essencialmente uma questão de percepção, tal percepção depende, nos estágios iniciais do desenvolvimento espiritual, do veículo através do qual a consciência está funcionando no momento, porque o veículo está naturalmente relacionado com o estado de consciência que funciona por seu intermédio. Assim, a mente funciona através do corpo mental, desejos e emoções funcionam através do corpo astral, *buddhi* através do *ānanda-maya-kosha* e a Vontade Espiritual através do veículo *Átmico*. Essa é também a razão de a doutrina Oculta de que os três aspectos do Logos ou *Īshvara* – Brahmā, Vishnu e Mahesha – funcionem através três planos Divinos mais elevados da manifestação: *Átmico* superior, *Anupādaka* e *Ādi*, respectivamente. Naturalmente, a consciência é una e nestas questões não há compartimentos estanques, mas a adaptação especial de um veículo para determinadas funções, torna este veículo o mais adequado e conveniente instrumento da consciência para o desempenho daquelas funções.

Segue-se do que foi dito que o *Yogue*, para passar a um estado ou nível de consciência mais elevado, tem de abandonar os veículos inferiores e aprender a operar no veículo através do qual a nova função é exercida. Esta é a finalidade e a técnica do *Samādhi*: erguer a consciência de um plano para outro para obter experiência direta daquele nível superior e ser capaz de exercer as funções a ele pertinente.

Uma vez obtida a percepção direta de determinado estado, por meio do *Samādhi*, esta percepção se infiltra nos planos inferiores e pode ser parcialmente experimentada quando a consciência volta a tais planos, dependendo do estágio de evolução do *sādhaka*. É a esse fato que se refere o aforismo XVI do *Pratyabhijñā Hridayam*.

Devemos lembrar que um estado mais elevado de consciência inclui os estados inferiores, porque a manifestação é uma expressão e projeção repetidas da Realidade Una, em estados progressivamente mais densos de matéria, e menos sutis da mente. Nos primeiros estágios de desenvolvimento, o deslocamento da consciência se processa passando de um plano a outro, mas, com o progresso na Senda do *Yoga*, o *Yogue* se torna capaz de funcionar continuamente em todos os planos já conquistados. O estado último e Supremo da Consciência é integrado, incluindo e abrangendo todos os estados inferiores derivados de si mesmo por diferenciação e assim quem tenha atingido aquele estado pode funcionar em todos os planos. Todos os veículos nos diferentes planos passam a constituir, como um todo, o seu corpo ou *sharīra*.

Nādisamhāra-bhūtajaya-bhūtakaivalya-bhūtaprtha-ktvāni

III. 5 – "Quando a consciência se retira dos *nādis*, ou canais ao longo dos quais fluem as forças vitais de um veículo, é obtido o domínio dos *bhūtas* e a capacidade de separá-los, e isolá-los uns dos outros."

Foi mencionado no aforismo anterior que um veículo da consciência serve para dispersar os princípios em suas funções específicas que são necessárias para habilitar o veículo de servir como um instrumento efetivo da consciência. Naturalmente, quando a consciência se retira o veículo se torna inerte, e estas funções devem ser reabsorvidas nos princípios e integradas na consciência.

A função de dispersar os *pañcha-bhūtas*, também chamados *pañcha-tattvas* ou os cinco Princípios Cósmicos, é desempenhada pelos *nādis*, que podem ser considerados como os instrumentos especiais dos *bhūtas* no veículo, ou *sharīra*. Como é sabido, a percepção sensorial tem lugar por intermédio da ação dos nervos, que levam as vibrações do mundo externo ao cérebro e as transformam em sensações. Nesta conversão de vibrações, de natureza mecânica, em sensações que são mentais, intervêm forças mais sutis, como *prāna*, mas a Ciência nada sabe a respeito dessas forças e aceita esse fenômeno como óbvio.

Os *pañcha-bhūtas* são os agentes ativos por trás das transformações físicas, químicas e biológicas que se processam no corpo e produzem o mundo mental na mente de cada indivíduo. Com as nossas presentes limitações é difícil entender como exercem essas funções, mas o fato de a estrutura total do universo manifestado ser o resultado de sua ação, numa infinita variedade de combinações, é parte integrante da Doutrina Oculta e da psicologia do *Yoga*. Temos que aceitar esse postulado em nosso estudo dos métodos de *Yoga* e sua aplicação no desenvolvimento espiritual.

É também necessário tornar a lembrar ao estudante o significado da palavra *samhāra*, no presente contexto. Comumente esta palavra significa "destruição", evidentemente uma tradução inaplicável ao caso presente. Os *nādis* são parte integrante do corpo e não desaparecem quando, na prática do *Yoga*, a consciência do *Yogue* passa a um nível mais elevado no *samādhi*. Neste caso, portanto, *samhāra* apenas expressa que os *nādis* permanecem inoperantes por enquanto. Quando a consciência retorna ao veículo inferior, após o *samādhi*, os *nādis* reassumem suas respectivas funções.

Como foi explicado em *O Homem, Deus e o Universo*[8], a consciência e a mente funcionam atraves do *manobindu*, que é, em cada indivíduo, o centro comum de todos os veículos. Mas, emergindo

---

[8] V. *O Homem, Deus e o Universo*, I. K. Taimni. Editora Pensamento, São Paulo-SP.

desse centro em cada um dos veículos, elas se tornam diferenciadas e dispersas por todo o veículo, porque o veículo inteiro serve como seu instrumento e está em contato íntimo com elas. A espetadela de um alfinete em qualquer parte do corpo é imediatamente sentida pelo indivíduo, mostrando que sua consciência permeia todas as partes do seu corpo.

De que maneira a consciência e a mente são dispersadas e impregnam o corpo inteiro? Através dos *nādis*. A Ciência reconhece que são os nervos que ligam o cérebro a todas as partes do corpo, habilitando-o a receber vibrações do mundo externo, e controlar e dirigir as atividades do corpo através dos *jñānendriyas* e *karmendriyas*. Mas o papel desempenhado pelos *nādis* é muito mais complicado e sutil do que o do sistema nervoso. Por exemplo, a Ciência não sabe que existem forças invisíveis, como o *prāna*, que fluem ao longo dos nervos e os capacitam a desempenhar as suas misteriosas funções. A Ciência ignora a presença de certos *nādis*, ou passagens no corpo, e as funções que eles desempenham. Ela nada sabe que existem dentre os *nādis* dois que são de primordial importância para um aspirante: – o *susumnā nādi* situado dentro da coluna vertebral e o *citta-vāhā-nādi* que conecta o coração ao cérebro.

Para entender a base lógica de *bhūta-jaya* é necessário lembrar que os cinco *bhūtas* são derivados da consciência, como todos os outros princípios cósmicos subjacentes no universo manifestado. *Ākāsha* ou Espaço é o Princípio Cósmico básico, e os outros quatro princípios dele se derivam na seguinte ordem:

Ākāsha — *Vāyu* — *Tejas* ou *Agni* — *Jala* — *Prithivī*

(Espaço — Ar — Fogo — Água — Terra)

Quando os *bhūtas* são reabsorvidos no *Ākāsha* por um processo de recessão na prática do *Yoga*, eles tornam-se parte da consciência centralizada do *Ātmā* individual e encontram-se sob completo controle. Um *Yogue* cuja consciência esteja centrada no *Ātmā* individual pode, portanto, dominar e manipular os *bhūtas* pelo poder da sua vontade e produzir, assim, toda a espécie de mudanças no mundo fenomênico, as quais são referidas na literatura do *Yoga* como *siddhis* ou *vibhūtis*. De acordo com o aforismo acima, esses poderes de controlar e manipular os *bhūtas* são devidos à habilidade desenvolvida por *bhūta-jaya* de isolar um *bhūta* em particular dos demais e assim separá-los uns dos outros. Assim como um químico aprende a analisar qualquer substância até seus elementos constituintes para depois sintetizá-los numa variedade infinita de compostos, também o *Yogue* pode produzir diferentes espécies de fenomenos pela adequada combinação dos cinco Elementos Cósmicos.

A técnica de *bhūta-jaya*, mencionada no aforismo III. 34 dos *Yoga-Sūtras*, é baseada num princípio diferente. Naquele tratado, a técnica de *bhūta-jaya* é adquirida pela prática de *samyama*, ou contemplação da natureza dos *bhūtas*, e não pelo uso de um *mantra* cujo segredo é comunicado ao discípulo por seu *Guru*.

Mohāvaranāt siddhih

III. 6 – "Nesses *siddhis* inferiores ou realizações ainda existe obscurecimento por *moha* ou ilusão da mente, causada pelo apego, o que impede a completa liberdade ou Liberação do mundo da manifestação."

Para termos uma ideia clara da natureza dos *siddhis* ou *vibhūtis* mencionados nos *Yoga-Sūtras* e nos *Shiva-Sūtras* deveríamos observar que esses poderes, adquiridos na prática do *Yoga*, são de uma variedade não apenas diferente, mas também pertencem a categorias diferentes. De um modo geral eles podem ser divididos em três grupos.

Os *siddhis* mais inferiores são de natureza puramente psíquica e podem ser adquiridos por qualquer pessoa capaz de exercer algum controle sobre a própria mente e que esteja disposta a despender o tempo e a energia necessários à prática das técnicas prescritas, encontrando alguém que conheça e esteja preparado para comunicar o segredo do seu desenvolvimento. Alguns dos poderes psíquicos mais inferiores nem mesmo requerem qualificações morais ou espirituais, e aqueles que conseguem adquiri-los podem dar demonstrações públicas, fazendo-se passar por grandes *Yogues*.

Em seguida, vêm os *siddhis* de ordem mais elevada, que requerem de quem pretenda desenvolvê-los não só uma base firme de moral e de caráter, mas também discernimento espiritual, e contato direto com as realidades dos planos superiores. Neste caso, os poderes pertencem verdadeiramente ao *Jīvātmā* ou Eu Superior no homem, que funciona através de *Ātmā – Buddhi – Manas*, e somente podem ser obtidos pelas pessoas em quem estes princípios superiores já estejam suficientemente desenvolvidos. Eles culminam na onisciência e na onipotência, dentro de uma esfera limitada de manifestação e aqueles que podem exercer estes poderes devem ter a consciência centralizada no plano *Átmico*. No entanto, como o indivíduo chegou à realização do *Ātmā* ou Espírito somente como um ser separado devido à centralização da consciência, ele ainda está sujeito à ilusão da separatividade ou ao egoísmo do tipo mais sutil. Ele ainda sofre a influência de *moha* e, por isso, está sujeito a formas extremamente sutis de ilusões e limitações impostas por *moha* no exercício dos seus poderes. Quando *moha* foi vencida, cessarão as limitações por ela impostas, e o *Ātmā* individual poderá funcionar mais livremente, dentro dos limites do seu reino.

Moha é uma palavra sânscrita com um âmbito muito vasto de conotações e ricos matizes de significação, e é usada com diferentes significados pelas várias escolas de filosofia hindu. A ideia básica e subjacente é a ilusão da mente existente nas pessoas sempre que envolvidas nos negócios do mundo, mesmo que muito superficialmente. A ilusão toma diversas formas em diferentes circunstâncias e estágios de evolução, mas todas elas dependem das ilusões produzidas na mente como um resultado do envolvimento da consciência no mundo da manifestação. Talvez o melhor caminho para a compreensão da natureza essencial de *moha* seja considerá-la como os vários efeitos produzidos na mente humana pela Grande Ilusão chamada *Māyā*. Estes efeitos tomam variadas formas e existem em graus diversos, mas sempre tendem a distorcer e iludir a mente em maior ou menor grau, impedindo-a de ver as coisas como realmente são. Esta concepção de *moha* é confirmada pelo fato de ser a ideia geralmente usada em associação com *Māyā*, como na seguinte estrofe do *Durgā-Saptashati*:

"Ó Mãe Divina! Tu és o Poder Divino integrado inerente ao aspecto Vishnu de Īshvara, que encontra expressão em uma infinita variedade de funções, mas tu és predominantemente o Seu poder de *Māyā* que nos envolveu a todos em *moha* e, portanto, somente tu podes nos libertar deste *moha*, enquanto ainda vivermos nesta Terra".

O aforismo enfocado pretende assinalar que os *siddhis* adquiridos através de *bhūta-jaya*, etc., mencionados no aforismo anterior são ainda passíveis da influência de *moha*, e portanto não são da ordem mais elevada. O aforismo seguinte mostra que a completa eliminação de *moha* conduz à obtenção da espécie ainda mais alta de poderes, embora, mesmo estes, por mais surpreendentes que sejam, ainda não são de natureza infinita. Os poderes da mais alta ordem somente são alcançados quando a consciência do *Yogue* penetra atraves do centro da individualidade e une-se à Consciência Universal de Shiva podendo, então, exercer os poderes infinitos inerentes àquela Consciência Suprema.

Mohajayād anantābhogāt sahajavidyā-jayah

III. 7 – "Somente pelo domínio da ilusão mental, causada pelo apego, mesmo que seja ao mais sutil dos objetos dos mais altos planos da manifestação, é obtido o conhecimento inerente à Realidade, que é oniabrangente, e através do qual tudo pode ser realizado".

No aforismo precedente foi estudado que existem diversos graus de conhecimento e de poderes a eles correspondentes. À medida que a consciência do *Yogue* gradativamente se expande com a prática do *Yoga*, aparecem naturalmente os poderes correspondentes aos vários graus de consciência por ele atingidos, porque esses poderes superiores são inerentes àqueles graus mais elevados de consciência.

Moha limita a expansão da consciência e, por isso, somente alguns poderes, como os mencionados nos aforismos III. 5 e III. 6, podem ser adquiridos enquanto a pessoa estiver sob a influência deste tipo de apego. Quando *moha* é dominada, a consciência se expande naturalmente e, ao mesmo tempo, aparecem no *Yogue* os poderes correspondentes ao estado de consciência atingido. Tais atingimentos são mencionados como *anantābhogāt sahajavidyā*. Procuremos penetrar no significado interno desta frase sânscrita. A palavra sânscrita *sahaja* significa "natural" ou "facilmente obtido e mantido" e *sahajavidyā*, portanto, designa aquele conhecimento ou técnica que permite ao indivíduo obter a compreensão de qualquer coisa que esteja dentro daquela limitada esfera, simplesmente voltando para ela a sua atenção. Para adquirir conhecimentos da maneira comum temos que usar os meios apropriados e aplicá-los da maneira correta para sermos exitosos em nosso esforço. Quando, porém, se conquista *sahajavidyā* nada disso é necessário. Devido à eliminação de *moha*, a consciência não está mais limitada e restrita ao número limitado de campos particulares de conhecimento nos quais a mente já fora treinada. A consciência tornou-se *anantābhogāt*, ou capaz de uma expansão ilimitada e adquire conhecimento relativo ao que quer que esteja dentro do âmbito de sua expansão.

Não apenas pode ser adquirido o conhecimento em relação a tudo que esteja dentro dessa limitada csfcra, mas também a própria qualidade deste conhecimento é diferente e de ordem superior. Porque as realidades cujo conhecimento é desejado são, agora, vistas de um ponto de vista mais elevado – do ponto de vista da consciência integrada e não do da mente diferenciada. Mas é necessário lembrar a limitação imposta ao conhecimento pela expansão progressiva da consciência. O conhecimento depende da expansão da consciência e é somente quando esta transcende o centro da individualidade e une-se à Consciência Universal de Shiva que o Conhecimento verdadeiramente se torna infinito e oniabrangente.

Podemos tentar compreender o significado profundo do presente aforismo ainda de outra maneira. O *Ātmā* individual ou Mônada é *Sat-Cit-Ānanda* em sua natureza essencial e possui todo o conhecimento concernente tanto ao manifesto quanto ao imanifesto, guardados no centro da sua consciência. A centralização da Eterna Realidade limita este conhecimento infinito dentro da estrutura do tempo e do espaço. Na verdade esta limitação é apenas subjetiva e depende da ilusão criada pelo poder de *Māyā*, que priva o indivíduo da faculdade espiritual de discernimento e o envolve em *moha*. Quando *moha* é eliminada pela prática de *viveka* e *vairāgya* a limitação subjetiva da consciência desaparece e, com ela, também a limitação colocada sobre a experiência pelo tempo e espaço. O *Ātmā* volta a ser onisciente e onipotente como diz o aforismo III. 50 dos *Yoga-Sūtras*. Este poder aparece de modo natural com o atingimento da consciência *Ātmica* e, por essa razão, é chamado *sahajavidyā*. Deve, porém, ser lembrado que este é apenas um estágio na senda da Autorrealização, e os poderes a que se faz referência nos aforismos seguintes são pertencentes ao estágio intermediário. Somente quando a consciência do *Ātmā* individual transcende o centro da individualidade e, fundindo-se com a Consciência Universal, mantém-se permanentemente estabelecida no mundo da Realidade é que a meta da Autorrealização pode ser considerada como tendo sido atingida.

Jāgrad dvitīya-karah

III. 8 – "O *jāgrad* ou estado desperto da consciência de um indivíduo, em todos os níveis, é o brilho secundário da Luz Suprema da Consciência de Shiva, sendo o brilho primário a Divina Consciência do Logos."

Somente entenderemos o verdadeiro significado do presente aforismo se possuirmos uma ideia correta do sentido das palavras *jāgrat* e *kara* neste contexto.

Quando usamos a palavra *jāgrat* em relação à consciência costumamos ter em mente a ideia dos quatro estados de consciência e a relação do estado *jāgrat* com os outros três estados: *svapna, susupti* e *para*. Porém no presente contexto a palavra *jāgrat* não é usada em relação a estes outros três estados, mas em referência ao estado desperto existente em todos os planos da manifestação. A característica do estado *jāgrat* é que ele está voltado para fora e em contato direto com os objetos do plano em que está funcionando no momento. O sujeito está consciente dos objetos e a conexão sujeito-objeto estabelece-se entre ambos.

Este estado *jāgrat* pode existir em qualquer plano e a sua natureza essencial permanece a mesma em cada plano, isto é, a consciência está voltada para fora e cônscia da existência dos objetos presentes no plano. Neste aforismo o estado *jāgrat* significa a consciência de vigília em todo o conjunto de planos. De todos *jāgrat* é o estado de consciência mais importante e mais dinâmico porque é uma expressão direta da consciência *Ātmica* do indivíduo, que é eterna, indestrutível e inextinguível como é dito tão pertinentemente no seguinte enunciado em sânscrito:

"A Consciência do Vidente ou o *Ātmā* individual
nunca desaparece porque é indestrutível".

A segunda palavra é *kara* que, no presente contexto, tem um significado pouco usual. Este vocábulo sânscrito geralmente indica um raio ou feixe de luz, mas aqui tem o significado um tanto diferente de "resplendor" ou expressão de luz proveniente de um ponto. Usamos geralmente o símbolo dos raios de luz emanados em uma fonte central de luz, como o Sol, para indicar a relação entre as Mônadas e a Realidade Una da qual emanam e onde estão enraizadas. Porém, no presente contexto, referimo-nos a um *Ātmā* individual e à sua expressão plena nos diferentes planos, partindo do seu próprio centro no plano *Átmico*. Assim, a palavra "resplendor" será a mais apropriada para sua expressão em todos os planos sucessivos, considerados em conjunto.

Este é um aforismo enigmático. Talvez o melhor método de apreender seu significado real seja lembrar o fato de que a consciência *Átmica* reflete-se diretamente na consciência desperta do plano físico. Neste estado o contato da consciência desperta com a Realidade subjacente é direto e, por isso, é irradiado com a luz de *buddhi*. No estado *svapna* o contato com o plano *búddhico* é interrompido e este fato é o responsável pelo caráter caótico dos sonhos durante o sono. No estado seguinte, que é chamado *susupti*, até mesmo as imagens subjetivas da mente desaparecem e sobrevem um estado de aparente inconsciência. Esses estados são geralmente considerados em relação à consciência no plano físico, mas existem em todos os planos e neles refletem suas posições relativas.

O conceito acima exposto acrescenta nova complexidade às relações mútuas dos três estados entre si e realmente é o oposto do que em geral se supõe. Mas esclarece muito o aforismo em estudo e nos habilita a compreender o seu real significado.

É uma doutrina Oculta muito conhecida a de que todas as expressões da consciência, que se manifestam através de diferentes centros de consciência, são na verdade as múltiplas expressões da Consciência Universal, conhecida como Shiva na filosofia hindu. Mas, em seu estado original imanifesto, esta consciência é integrada, pura, onia-brangente, e muito além da compreensão do indivíduo comum, ainda envolvido nas ilusões e limitações dos mundos manifestados.

Quando esta consciência universal encontra expressão através de determinado centro, essa consciência centralizada de um indivíduo é grandemente limitada, no que se refere tanto ao conhecimento quanto ao poder, e é somente após um longo curso de evolução que ela reassume a sua infinita e Real natureza na Autorrealização. No entanto, mesmo durante este longo período de evolução, ela conserva sua conexão original com a Consciência Universal, isto é, continua enraizada naquela Consciência Universal e sua luz se deriva da Luz da Consciência Universal. A única diferença que tem lugar na Autorrealização é que o indivíduo Iluminado se torna diretamente ciente deste fato fundamental que o liberta das ilusões e limitações do mundo manifestado, que conservam o indivíduo comum agrilhoado e sofrendo das misérias dos mundos inferiores.

É essa verdade importante que o aforismo em enfoque procura comunicar. Ele expressa de maneira sucinta e um tanto enigmática o fato de ser a consciência de vigília de todas as pessoas, estejam ainda envolvidas nas ilusões dos mundos inferiores ou livres delas, apenas o resplendor secundário da Luz do Sol Espiritual. O resplendor primário é a Consciência Universal que está sempre brilhando e é inextinguível.

Nartaka Ātmā

III. 9 – "O indivíduo que realizou a sua natureza espiritual como *Ātmā* é um ator e está consciente de ser um ator no palco do mundo e, assim, não é afetado ou iludido pelo papel que lhe compete representar."

Este aforismo procura dar certa noção do estado de consciência de um *Yogue* que está em contato com o seu próprio *Ātmā* e por isso, pelo menos parcialmente, está consciente da sua natureza espiritual. Desde que o *Ātmā* é, como indivíduo, simultaneamente consciente da sua natureza essencialmente Real e também do envolvimento no mecanismo da manifestação, existe uma espécie de dualidade em sua consciência: um aspecto que está ciente da sua natureza Real e enraizado nesta, e outro aspecto associado com o irreal e nele envolvido.

Essa dualidade na consciência de um indivíduo espiritualmente avançado foi comparada, no aforismo em estudo, à dualidade na consciência de um ator. Em um aspecto ele é um indivíduo com sua própria vida independente e relativamente permanente. No segundo aspecto ele é apenas uma personalidade, temporariamente criada pela necessidade de desempenhar determinada parte num drama que está sendo representado. Ele está consciente do fato de que, em seu segundo aspecto, apenas representa um papel temporário e relativamente irreal e que, portanto, de nenhum modo o afeta. Ele pode desempenhar o papel de um mendigo ou o de um rei sem sentir-se como tais nem ficar deprimido ou eufórico em consequência disso. Ele se ocupa apenas em desempenhar a parte que lhe cabe sem se importar com o seu papel, mas empenhado em representar da maneira mais efetiva e eficiente no que concerne às aparências externas. É necessário possuir verdadeira visão espiritual para perceber, através da máscara usada por tais pessoas para permanecer indiscerníveis e reconhecer sua grandeza e elevada estatura espiritual.

Um pouco de reflexão profunda e de discernimento espiritual mostrará ao estudante sério quão adequado é o símile. Um indivíduo que, embora parcialmente, tenha percebido sua própria natureza espiritual, torna-se consciente dessa dualidade em si próprio, pelo menos até certo ponto. Essa dualidade realmente aparece com o alvorecer da consciência espiritual, denominado *viveka-khyāti*, nos *Yoga-Sūtras*, e torna-se cada vez mais claramente definida à medida que o desenvolvimento espiritual progride e o Eu Superior adquire controle e ascendência sobre a personalidade temporária. Quando ocorre a Liberação essa dualidade pode ser considerada como deixando de existir porque o indivíduo Iluminado vive então ininterruptamente na luz da Realidade, percebe todo o universo manifestado como um jogo da Vida Divina, e a si próprio somente como um instrumento daquela Vida.

Deveríamos observar ainda que a vida real de um ator é completamente diferente e distinta da vida do personagem que ele corporifica temporariamente ao desempenhar um papel específico em determinada representação. Ele pode momentaneamente se deixar levar por suas emoções e esquecer sua vida real ao representar um papel com grande sinceridade e entusiasmo, mas retorna à vida normal quando não mais está interpretando nenhum papel em um drama. A mesma coisa acontece no caso de um indivíduo Iluminado quando ele cessa de representar o seu papel no drama da evolução. Ele retorna ao seu estado de plena percepção como uma expressão da Consciência Divina, e permanece nesse estado exaltado até ser requisitado para a execução de outro trabalho no Plano Divino. A única diferença nesse retorno ao estado normal é que no caso do indivíduo Iluminado ele não se deixa nunca influenciar pelo papel que está representando, nenhum apego permanece quando ele termina a sua parte, e o estado normal a que volta a sua consciência é o estado de plena percepção da Realidade onde nenhuma ilusão ou desarmonia, de qualquer espécie, pode jamais penetrar. Essa volta à plena percepção de sua natureza Divina é expressa sucinta e claramente no aforismo III. 42 deste tratado.

O aspirante que está trilhando o caminho do discipulado fará bem em refletir seriamente sobre este problema e, gradualmente, desenvolver esta consciência de ser um ator na vida mundana em que está colocado. Tal atitude o ajudará a libertar-se mais facilmente dos apegos, e servirá de salvaguarda contra o desenvolvimento de muitas tendências indesejáveis e dos complexos de que tendem sofrer as pessoas comuns. As pessoas que estão em posição de mando, por exemplo, tendem a muito rapidamente desenvolver o complexo de poder e começam a comportar-se de maneira muito arbitrária e de modo irresponsável. Isso não somente perverte a sua mentalidade e torna-se a fonte de futuras desilusões e infelicidade, como também causa muitas complicações no trabalho que estiverem fazendo e na vida das pessoas com quem estiverem trabalhando. Se elas procurarem lembrar-se, constantemente, de que estão apenas desempenhando um papel temporário, e de que o poder que flui através delas vem de cima e deve ser usado sabiamente e com humildade, elas não perderão o equilíbrio da mente e cumprirão o seu limitado trabalho sem criar dificuldades desnecessárias para si e para os outros.

Rango antarātmā

III. 10 – "A consciência universal do Logos ou *Īshvara* fornece o palco para o drama mundial que é representado em um sistema manifestado."

No último aforismo tratamos do estado de consciência e dos papéis representados por um único *Ātmā* individual, que é um ator no drama mundial. Mas, assim como na produção de uma peça teatral não existem somente os atores que desempenham os diversos papéis, mas também um produtor, um diretor, um escritor e todo o conjunto de palco, camarins, etc., assim também no drama do mundo existe um Arquiteto, um Governante, e um Processo Mundial muito complexo baseado nas leis naturais que fornecem todo o material e as circunstâncias necessárias à produção da peça. Quem provê todos estes requisitos para que o vasto e inimaginável drama mundial possa ser representado com todo o esplendor e infinita variedade que caracterizam o universo manifestado? De acordo com o aforismo em discussão é o *Antarātmā* ou o Eu Interior Supremo que é o Arquiteto, o Governante e o universo objetivo, tudo isso em Um só. É em Sua Consciência, chamada Shiva, que o Plano Divino é concebido, é o Seu Poder ou Shakti que fornece o mecanismo objetivo pela condensação da sua infinita Energia, e é a sua Vontade Divina que controla, regula e guia o Processo Mundial e o conduz à sua Divina Consumação antes que chegue o *Pralaya*.

A palavra sânscrita *ranga* tem um âmbito muito amplo de conotações em assuntos relacionados com o teatro. Pode significar o palco, o camarote, a maquilagem, a representação e até a plateia. Sendo a Realidade Única a fonte de tudo no universo manifestado e é seu estado de consciência voltado para fora, que é chamado de *Antarātmā*, o uso da palavra *ranga*, no presente contexto, é muito apropriado. Sendo as Mônadas os atores no drama do mundo, tudo o mais que tem conexão com a sua representação e a torna possível deve derivar, e ser uma expressão, da Realidade Única da qual também as Mônadas são uma expressão centralizada.

Já que, no presente contexto, a palavra *Ātmā* é usada para indicar o Eu individualizado que está associado à mente em diferentes graus de sutileza, somente podemos lidar com Eus individualizados no reino da manifestação. O Eu Universal, ou Espírito Supremo, está oculto da nossa visão, no sempre Imanifesto embora seja a base e a fonte da consciência e do poder do Eu individual. Devido à misteriosa relação existente entre o Eu individual e o Eu Universal, ou o *Ātmā* e o *Antarātmā*, o Eu Universal pode ser considerado, sob muitos aspectos, em relação ao Eu individual e ao ambiente em que vive este último. Sua Consciência provê o fundo de cena no qual o drama é visto; provê o palco onde a peça é representada, e também o enredo da peça onde diferentes Eus individuais desempenham seus respectivos papéis. Ela fornece o poder e a energia para as várias atividades requeridas na representação. Já que ela é a Única Realidade, além e fora da qual nada existe, é inevitável que seja a fonte não somente da Consciência e do poder de todos os *Ātmās* individuais como também de todo o campo em que estes evoluem e onde, finalmente, chegam à Autorrealização.

Ao discutir esta questão da relação entre o *Ātmā* e o *Paramātmā* alguns aforismos do *Pratyabhijñā Hridayam* são muito relevantes e esclarecem o sentido interno do aforismo que estamos comentando. Por exemplo, a palavra sânscrita *Citi* usada no aforismo IV daquele tratado corresponde, obviamente, a *Antarātmā* no presente aforismo. O aforismo II do mesmo tratado esclarece a natureza e a criação e do mecanismo objetivo – o universo manifestado – onde as Mônadas evoluem até atingirem a Perfeição. O último aforismo do tratado acima citado mostra, de forma maravilhosa, como esta Consciência Universal, chamada Shiva, é a base de todo o universo manifestado e a fonte de Consciência e Poder, não somente dos *Adhikāri Purushas* como os *Manus*, os *Jagat-Gurus*, etc., mas também dos Logoi Solares que são as Deidades que presidem os inumeráveis sistemas solares espalhados no vasto e ilimitado Espaço.

Preksakānīndriyāni

III. 11– "Os outros *Jīvātmās* testemunham a representação, no palco do mundo, de um determinado *Jīvātmā*, por meio dos seus órgãos dos sentidos. Eles não são capazes de ver o *Ātmā* do ator, mas somente o papel externo que ele está representando no mundo."

O símile do mundo como um palco e as Mônadas espirituais, ou *Ātmās* individuais, como verdadeiros atores representando papéis diferentes neste palco no drama mundial que está sendo encenado, continua no presente aforismo para indicar quem constitui a platéia neste drama. O drama verdadeiro que está sendo encenado pertence ao plano da Ideação Divina e os atores verdadeiros são as Mônadas; porém, nos mundos inferiores da manifestação onde estamos confinados, não nos é dado ver nenhum deles. No palco dos mundos inferiores somente podemos ver os corpos que são as vestes das Mônadas, e aqueles que assistem ao drama, isto é, as outras pessoas do mundo, apenas podem ver os corpos. Como podem ser vistos os corpos? Através dos órgãos dos sentidos dos espectadores. Assim, a verdadeira platéia no drama do mundo são os órgãos dos sentidos das pessoas que vivem neste mundo e não suas Mônadas.

Naturalmente, no caso da plateia, os verdadeiros espectadores também são as Mônadas, porque os órgãos dos sentidos só funcionam quando iluminados pela luz da consciência, que pode vir somente do Espírito interior. Mas, no que concerne ao mundo externo, o testemunho do drama mundial depende dos órgãos dos sentidos.

O estudante pode ver agora que, realmente, existem dois mundos funcionando simultaneamente, sendo um o reflexo do outro. De um lado temos o mundo da Ideação Divina, no qual as Mônadas espirituais são, ao mesmo tempo, atores e espectadores, e do outro lado temos os mundos inferiores da manifestação nos quais os corpos das Mônadas e suas atividades nesse mundo oferecem a representação, e os órgãos dos sentidos das outras pessoas assistem à peça. Todas as pessoas desempenham um duplo papel em relação umas às outras, sendo, por um lado, atores no palco do mundo e, por outro lado, espectadores na plateia. Neste assunto são particularmente importantes e interessantes as referências, encontradas no aforismo IV. 12 dos *Yoga-Sūtras*, sobre a existência, lado a lado, destes dois mundos.

A verdade deste aforismo será perfeitamente evidente se imaginarmos os órgãos dos sentidos de todos os *Jīvātmās* deixando de funcionar. O palco continuará presente, os atores continuarão ali, mas não haverá plateia, ninguém para testemunhar o drama que está sendo representado. É verdade que estando presentes e representando a peça os atores, de certa maneira, serão testemunhas do drama, mas sua visão da peça não é igual a da plateia. Eles estão produzindo a peça teatral e estão conscientes das ilusões que estão criando pela sua atuação e por isso não são afetados pela peça como é um membro da plateia. Ele é mais ou menos afetado, conforme o seu envolvimento e apego à vida que está vivendo, sob a influência hipnótica das ilusões que o pressionam.

Dhīvashāt sattvasiddhih

III. 12 – "Pelo completo controle sobre o poder de percepção é possível fazer a consciência que é voltada para fora interiorizar-se e tornar-se centrada no *Ātmā*, o Centro individualizado da Realidade."

Depois de tratar das mudanças que têm lugar na consciência do indivíduo quando *moha* (ilusão) foi dominada, o autor assinala por que e como a eliminação de *moha* leva ao atingimento de *Sahajavidyā* e os poderes inerentes a esse conhecimento oniabrangente. Esses poderes surgem automaticamente no indivíduo cuja consciência está centralizada em sua natureza *Ātmica*, embora sejam ainda relativamente limitados devido à centralização da consciência. Somente quando a consciência está voltada para dentro, na direção do próprio centro, e passando por aquele centro funde-se com a Consciência Universal de Shiva no mundo da Realidade, é que os poderes se tornam realmente infinitos.

Para entender a profunda verdade corporificada neste enigmático aforismo devemos lembrar de que não apenas a natureza essencial de *Ātmā* é *Sat-Cit-Ānanda*, mas também termos uma ideia clara sobre como esses três aspectos relacionam-se entre si. Nesta triplicidade, a Verdade autoexistente, autoequilibrada e eterna, que é referida como *Sat*, é o elemento básico que é integrado, indestrutível e imutável. *Sat* pode permanecer em si mesmo, "centrado em seu próprio esplendor e brilhando com sua própria luz", como diz uma passagem da língua sânscrita. Mas embora seja integrado e autossuficiente, o aspecto *Sat* da consciência traz em si a possibilidade de virem à atividade os aspectos *Cit* e *Ānanda*. Quando o aspecto *cit* vem à atividade, a consciência, cuja condição natural é ser Autocentrada, volta-se para fora e o estado integrado se torna diferenciado com o aparecimento da mente no campo da consciência e a produção dos fenômenos mentais. Esta mudança é acompanhada pelo estabelecimento da relação sujeito-objeto entre o "conhecedor" e o "conhecido" e o necessário elo entre eles, que podemos chamar de "conhecer". "Percepção" é o termo técnico usado em psicologia para esse "conhecer", que resulta do estabelecimento da relação sujeito-objeto e *dhī* é a palavra sânscrita usada no presente contexto para "percepção".

No estudo de a doutrina Oculta, grande confusão é causada pelo fato de que diferentes escolas de filosofia usam palavras e métodos diferentes para expressar a mesma verdade. Mas, já que elas indicam as mesmas verdades eternas de realização direta que estão ocultas no coração de cada ser humano, ao estudante sincero cuja faculdade de intuição tenha começado a funcionar, não deverá ser difícil perceber que a verdade particular ou o aspecto da verdade estão sendo comunicados sob essas diferentes roupagens. A palavra sânscrita *dhī* é usada em vários sentidos, em diferentes contextos e em escolas de pensamento, mas a faculdade essencial a que se refere em todos esses casos é a faculdade de percepção, que também é geralmente indicada pela palavra sânscrita *buddhi*.

Para entender o significado mais profundo do presente aforismo é necessário lembrar que na dissociação progressiva, passo a passo, entre a consciência e o seu mecanismo mental no qual está envolvida, a separação do puro *Ātmā* integrado, ou Espírito, que é Autocentrado e Autoequilibrado, da sua faculdade perceptiva, voltada para fora, ou *buddhi*, constitui o último passo. O diagrama seguinte mostra, com clareza, o envolvimento da consciência no mecanismo mental:

Percebedor → Percepção →
Mecanismo da percepção → Percebido

(*Purusha*)   (*Buddhi*)   (*Citta* ou mente)   (mundo objetivo)

O envolvimento de *Purusha* em *Prakriti* se deve a dois fatores, um grosseiro e outro muito sutil. É fácil ver o *Purusha* como separado do *pratyaya* criado na mente por *Prakriti*, e compreender nossa independência dele, se não de fato, pelo menos intelectualmente. Mas esta identificação é produzida por *buddhi*, que é a faculdade ou o poder de percepção e não o objeto da percepção. A menos que a dissociação entre o *Purusha* e o poder de percepção seja efetuada, o *Purusha* não pode ser considerado como perfeitamente livre de *Prakriti* nem pode ficar estabelecido em seu próprio *svarūpa* (forma verdadeira) como se pode ver no diagrama acima. Este fato é claramente enunciado no aforismo II. 6 dos *Yoga-Sūtras*, o qual define *asmitā*, e o presente aforismo deveria ser cuidadosamente estudado junto com aquele, se quisermos captar o seu significado interno.

A análise cuidadosa do processo completo de desvinculação da consciência do mecanismo mental em que estamos envolvidos talvez ajude a esclarecer nossas ideias a respeito. O primeiro passo neste processo, depois de haver sido adquirido um certo grau de controle sobre a mente, é eliminar o *pratyaya* que sempre preenche a mente por meio de *citta-vritti-nirodha*. Isso desobstrui o campo da consciência, mas a consciência continua enleada no reino da manifestação como evidencia o estudo da natureza de *Asamprajñāta Samādhi*. Esse enleamento é devido à não dissociação da consciência, em seu aspecto *Sat*, do poder ou faculdade de percepção que a vincula ao aspecto *cit*. O segundo passo, se pretendemos liberar completamente a consciência, é portanto libertá-la do ato de perceber que a atrai para fora e a impede de ficar centrada em si mesma na Autorrealização. O conhecedor tem que ser libertado não apenas do objeto do conhecimento, como também do processo de conhecer, se o objetivo é atingir o estado de Autoconhecimento, no qual o conhecedor, o conhecer e o conhecido constituem um único estado integrado. É somente então que *Nirbīja Samādhi* pode ser atingido e a Autorrealização pode ter lugar. Este fato foi indicado no aforismo III. 36 dos *Yoga-Sūtras* e discutido exaustivamente no subsequente comentário em *A Ciência do Yoga*. Tendo sido dado esse passo com sucesso, e o *Purusha* está completamente livre do reino de *Prakriti* (de acordo com a filosofia *Sāmkhya*, *buddhi* é parte do mundo manifestado e, portanto, pertence ao reino de *Prakriti*).

Somente então pode haver completa *viveka-khyāti*, ou Autorrealização.

A eliminação do processo de percepção da consciência é indicada pela expressão *dhīvasāt* no aforismo em estudo e a resultante compreensão da nossa natureza *Sat* ou Autorrealização, como é geralmente chamada, está expressa no termo *sattvasiddhih*. Note-se que a palavra sânscrita *sattva* não está usada em seu sentido mais comum no presente aforismo, isto é, como uma das três bem conhecidas *gunas*, mas significando a natureza essencial de *Sat*, da qual *Cit* e *Ānanda* são derivados como já foi mostrado. Quando *sattva* ou *sat*, é alcançado em sua forma pura e essencial, os aspectos *cit* e *ānanda* da consciência desaparecem e a consciência se estabelece em sua pura forma integrada no mundo da Realidade. Este é o verdadeiro e completo estado de Autorrealização.

Todos os aforismos de III. 13 a III. 19 devem ser considerados como indicando o resultado que decorre de *dhīvasāt*, quando a consciência está estabelecida em seu centro *Ātmico*. Esse é um estado que pode ser chamado consciência *Ātmica* e recebe o nome de *Ātmābhāva* no aforismo IV. 25 dos *Yoga-Sūtras*. Embora seja este o mais elevado estado de consciência no mundo da manifestação, a consciência se acha ainda numa condição centralizada e tem que transpor o centro para livrar-se completamente do mundo da manifestação e emergir no mundo da Realidade suprema, chamada *Kaivalya* nos *Yoga-Sūtras*. Os subsequentes estados de desenvolvimento de consciência são dados nos últimos aforismos dos *Yoga-Sūtras*.

Siddhah svatantra-bhāvah

III. 13 – "Pelo atingimento do completo controle sobre o poder de percepção o *Yogue* atinge um estado de ser no qual está inteiramente independente das limitações comuns que confinam a consciência encarnada dos seres humanos, nas condições variáveis de espaço e tempo."

O termo sânscrito *siddhah* significa "atingimento completo de um objetivo", "domínio de uma técnica em sua percepção", "completa solução de um problema a ser resolvido". O aforismo precedente afirmou a necessidade do perfeito domínio do poder de percepção para chegarmos à realização de nossa natureza Real, ou tornarmo-nos estabelecidos no aspecto *Sat* da consciência. O *Yogue* não só deve alcançar *citta-vritti-nirodha*, como também inverter a direção da consciência e, fazendo-a interiorizar-se, torná-la capaz de centrar-se no ponto através do qual a Luz da Realidade entra no mundo da manifestação e cria o mundo separado do *Ātmā* individual. Essa inversão da direção da consciência e o seu estabelecimento no centro *Átmico*, citado como *dhīvasha* no aforismo anterior, têm de ser atingidos perfeitamente antes que um contato com o mundo da Realidade possa ser estabelecido e possam aparecer os resultados mencionados neste e nos aforismos subsequentes.

Quando o *Yogue* adquiriu a capacidade de separar a própria consciência do seu *buddhi*, que é realmente a projeção externa de sua consciência *Átmica* a fim de entrar em contato com objetos no mundo da manifestação, e até mesmo foi conquistada a tendência para exteriorizar-se, ele se torna independente e portanto capaz de controlar suas próprias atividades dentro da limitada esfera através da qual funciona a sua consciência. Desapareceu por assim dizer a circunferência que confinava a sua consciência e somente o Centro do círculo ou consciência do "Eu", em sua pureza, permanece. É realmente este estado de consciência que o torna cônscio do fato de que ele é pura *chaitanya* (aforismo I. 1) e independente do mecanismo em que está envolvido. Embora possa funcionar através desse mecanismo de acordo com a sua vontade e seja onisciente e onipotente no que concerne ao seu mundo, de nenhum modo ele é prisioneiro daquele mundo. Esse estado de percepção do fato de ser independente e senhor do mecanismo através do qual funciona é que é chamado *svatantra-bhāvah* no aforismo em discussão.

Yathā tatra tathānyatra

III. 14 – "Como lá, também em todas as partes; ou assim como nestas também em quaisquer outras circunstâncias. O significado do enigmático enunciado acima é que o *Yogue* tem conhecimento e pode funcionar da mesma maneira por toda parte dentro do sistema manifestado ao qual pertence."

Este aforismo tenta descrever, de maneira gráfica, um dos efeitos decorrentes do atingimento da consciência *Átmica* que confere ao indivíduo o poder de transferir o centro da sua consciência para qualquer ponto dentro da esfera limitada de manifestação sobre a qual adquiriu completo domínio. Por exemplo, um indivíduo comum pode funcionar em seu meio somente através dos órgãos dos sentidos que ele desenvolveu no decorrer de longa evolução, os seus *jñanendriyas* e *karmendriyas*. Ele pode perceber o mundo em torno de si somente através das vibrações que recebe através dos olhos, ouvidos, etc. e é capaz de afetar o ambiente ao seu redor através de suas mãos, órgãos vocais, etc.

Mas, quando a consciência do indivíduo é libertada dessas limitações e ele não mais está preso ao conjunto particular de corpos, por ele mesmo desenvolvidos, ele adquire a capacidade de funcionar através de qualquer outro mecanismo, ou criar instantaneamente um mecanismo temporário e alcançar o seu objetivo limitado através dele sem a menor dificuldade. Tais *siddhis* são muito conhecidos dos estudantes da literatura Oculta e podem ser desenvolvidos por aqueles que estão preparados a se submeter ao árduo treinamento necessário para o seu desenvolvimento. Eles são chamados *pratibhā* c *vikaranabhāva* nos aforismos III. 34, III. 37 e III. 49 dos *Yoga-Sūtras*.

Esses poderes de percepção e ação não instrumentais são estudados nos comentários sobre os aforismos supracitados em *A Ciência do Yoga* para fazer o estudante compreender a sua base lógica, mas ele é, ao mesmo tempo, prevenido sobre os perigos inerentes ao seu desenvolvimento, a menos que eles apareçam como o resultado natural do desenvolvimento da consciência pela prática regular do *Yoga*, com um mestre competente. Quando o *sādhaka* está adequadamente qualificado mental, moral e espiritualmente para usar tais poderes, ele não só os adquire sem nenhum esforço específico naquela direção como também não os usará para nenhum propósito egoísta ou indesejável. Ele deve, principalmente, estar prevenido contra as lisonjas enganosas dos falsos *Yogues* que parecem ensinar os segredos sobre o desenvolvimento de tais *siddhis* a qualquer um que queira ser seu discípulo. O verdadeiro buscador da Verdade não apenas não procura desenvolver estes *siddhis* inferiores, como não tem qualquer atração por eles. Seus olhos estão fixos na Realidade Suprema, cujo atingimento não apenas o liberta das ilusões e limitações da vida, mas também lhe confere todos os poderes que são inerentes àquela Realidade.

Bījāvadhānam

III. 15 – "Neste estágio de *Ātmā-jñāna*, a consciência do *Yogue* está centrada no centro da sua consciência, isto é, o Centro do qual o seu mundo mental é projetado. Este ponto é chamado de *manobindu*, em sânscrito, e é concêntrico com o *Mahābindu*."

Os dois aforismos precedentes enunciam alguns dos resultados que acompanham o completo controle sobre o poder de percepção adquirido pelo *Yogue*. O aforismo presente e os três seguintes continuam o mesmo tema. O presente aforismo vem logo depois do aforismo *yathā tatra tathānyatra* e este fato deve ser levado em consideração em sua interpretação.

O *Yogue* cuja consciência está focalizada em seu *Ātmā* pode-se tornar consciente de qualquer ponto dentro do campo da sua consciência, para onde quer que o centro de sua consciência seja dirigido. Tal fato dá a impressão de que falta um ancoradouro à sua consciência. Esta é a dúvida que o presente aforismo procura dirimir. Embora o *Yogue* possa tornar-se consciente de qualquer parte do seu mundo mental, existindo nos diferentes planos da manifestação, sua consciência permanece centralizada no ponto do qual foi projetado o seu mundo mental. É através desse ponto que a Consciência Universal entra no campo da consciência individual e não somente cria o mundo mental do indivíduo, mas também o ilumina com a sua luz.

Este ponto é chamado *manobindu*, em sânscrito, porque é o verdadeiro centro de todas as atividades mentais efetuadas nos diversos planos pelo *Ātmā* individual. A palavra sânscrita *bindu* não apenas significa um "ponto" como também uma "gota" e, assim, indica, de maneira bem adequada, os dois aspectos do mundo mental criado em torno do centro da consciência de cada *Ātmā* individual; o ponto do qual tal mundo é projetado, assim como o conteúdo deste mundo, pode ser melhor imaginado na forma de uma gota, embora realmente seja de natureza subjetiva e não esteja encerrado numa forma limitada como acontece com uma gota. De acordo com a doutrina Oculta este centro individual de consciência, conhecido como *manobindu*, é concêntrico com o *Mahābindu*, o centro da Consciência Universal, e assim os diferentes mundos mentais de todos os indivíduos realmente coexistem e funcionam de modo misterioso dentro do centro da Consciência Universal. É assim que o Logos de um sistema manifestado pode perceber, o tempo todo, não somente o mundo mental por Ele criado na Mente Divina, mas também os inumeráveis mundos mentais das Mônadas individuais que funcionam e evoluem no Seu sistema manifestado. É por esta razão que Ele é denominado *sarvasākṣī*, a eterna Testemunha, cuja consciência abrange tudo o que existe no Seu sistema manifestado. Esse ponto é chamado por razões óbvias uma *bīja* ou "semente". Ele é como uma semente da qual um sistema manifestado brota como se fosse uma árvore que cresce e, depois de viver sua vida, desaparece no momento do *pralaya*.

Āsanastho sukham hrade nimajjatti

III. 16 – "Estabelecido na consciência *Átmica* com seu tríplice aspecto *Sat-Cit-Ānanda*, o *Yogue* é mergulhado no oceano da bem-aventurança e do conhecimento subjacente ao sistema manifestado."

Este aforismo deve ser interpretado considerando-se o que foi explicado no anterior. Ele descreve o estado de consciência de um *Yogue* que dominou *dhī*, atingiu *svatantra bhāva* e cuja a consciência está centrada no veículo *Átmico*.

Ātmā tanto no seu aspecto individual como no universal, tem uma natureza tríplice referida como *Sat-Cit-Ānanda,* em sânscrito. O seu centro da individualidade está estabelecido em *Sat*, mas ainda está confinado ao mundo da manifestação, onde o seu aspecto *Cit* expressa-se em todas as suas atividades mentais. Mas como o seu centro de consciência está no plano *Átmico* e ele adquiriu perfeito controle sobre o poder de percepção, está livre para se mover e funcionar dentro do limite da manifestação. Como o plano *Átmico* conecta o mundo do Real e do irreal, o Centro da Consciência pode ser considerado como situado no limiar dos dois mundos, partilhando da natureza de ambos. É por isso que ele tem a habilidade de mergulhar no Oceano da bem-aventurança, e ter a experiência do aspecto *Ānanda* da sua natureza. Uma vez que a natureza de *Ātmā* é *Sat-Cit-Ānanda*, o universo inteiro, manifestado e imanifestado, está imerso em um Oceano de bem-aventurança em sua natureza mais profunda. No imanifestado esta bem-aventurança é pura e da mais alta categoria, porque não está contaminada pelos defeitos e desarmonias encontrados no mundo da manifestação, sendo chamada *Paramānanda*. No manifestado, ao contrário, a bem-aventurança é envolvida nas ilusões e limitações do mundo fenomênico e fica maculada e degradada, em diversos níveis, de acordo com o envolvimento da consciência nas desarmonias e nos conflitos que caracterizam a vida humana comum. É impossível ter a experiência da bem-aventurança em sua verdadeira natureza, por isso a felicidade e os prazeres mundanos comuns são as únicas formas de experiência em que nos é possível ter uma tênue ideia de sua natureza sublime e Divina.

Porém, o *Yogue* cuja consciência está centrada em seu *Ātmā* e elevou-se além das desarmonias e ilusões do mundo inferior pode, naturalmente, ter vislumbres ocasionais de *Sat-Cit-Ānanda* e experimentar a bem-aventurança que está oculta em sua pureza e plenitude dentro do seu coração. Deve ser observada a importância da expressão sânscrita *nimajjati*, que significa "continua mergulhado em". Ela indica o fato de que o centro da consciência do *Yogue* não está estabelecido permanente e completamente no mundo da Realidade, é por isso que somente lhe é possível ter vislumbres ocasionais e parciais de sua natureza Real e experiências da Bem-aventurança Suprema que é uma parte essencial daquela natureza. Ele tem ainda de fazer o esforço supremo que estabelecerá, plena e permanentemente, o centro da sua consciência no mundo da Realidade, e eliminar a possibilidade de sua reversão aos mundos inferiores, onde pode ser temporariamente despojado da paz que ultrapassa o entendimento pelas ilusões e pelos envolvimentos desses mundos. Ele ainda tem de atingir o estado de estabilidade do qual não mais voltará a cair no mundo onde sua consciência se alterna entre alegrias e pesares, entre esperanças e medos, que caracterizam a vida do indivíduo não iluminado. As dificuldades e os perigos que ele ainda encontrará pela frente, e os meios que terão de ser adotados para vencê-los estão indicados nos aforismos subsequentes.

Svamātrā-nirmānam āpādayati

III. 17 – "Tal *Yogue* tem o poder de criar ou produzir resultados na medida de sua capacidade, a qual, embora possa ser tremenda, ainda é limitada."

Ao interpretar estes aforismos devemos lembrar que eles tratam do estado intermediário de iluminação e dos poderes a ele associados, isto é, do estado no qual foi obtido controle sobre *dhī*, ou o poder de percepção, mas a consciência ainda não conseguiu penetrar seu próprio centro e ao entrar no mundo da Realidade suprema, tornar-se una com a Consciência Universal de Shiva.

O poder inerente à consciência pode ser considerado em seus dois aspectos: o poder de cognição e o poder de conação. Os quatro aforismos precedentes tratam dos diferentes aspectos do poder de cognição. Este trata do poder de conação. Mas, tal como no caso do poder de cognição diversas espécies do poder de ação não são especificadas, mas serão tratadas de uma maneira geral.

Ponderemos sobre o significado das várias frases usadas no aforismo a fim de chegarmos a uma melhor compreensão do seu significado. A primeira expressão a considerar é *svamātrā*. Ela significa literalmente "de acordo com a medida do seu eu". A palavra sânscrita *sva* quer dizer "eu", mas tem um amplo campo de conotações. Ela pode ser usada em relação ao eu inferior do homem, que é a personalidade temporária que funciona nos planos inferiores da manifestação e desaparece para ser substituída por uma outra personalidade na encarnação subsequente. Ou pode ser usada significando o Eu Supremo, cuja consciência abrange o universo inteiro, geralmente mencionada em sânscrito como *Paramapurusha*. No presente contexto estamos tratando do estado intermediário do desenvolvimento da consciência e do poder onde, portanto, a palavra *sva* significa o estado particular no qual *dhī* foi dominado (III. 12), mas o derradeiro estágio de Autorrealização ainda não foi atingido (III. 25). Tal *Yogue* é capaz de produzir resultados de acordo com o poder que desenvolveu, os quais, embora imensos, ainda não são infinitos.

    É interessante comparar este aforismo com o aforismo IV. 4 dos *Yoga-Sūtras*. Os dois aforismos têm praticamente o mesmo significado, mas nos *Yoga-Sūtras* o resultado que o *Yogue* é capaz de produzir é especificado com maior precisão, ou seja, trata-se da criação de mentes artificiais ou de um sistema manifestado tendo em vista um propósito específico que ele tem em mente. Também deve ser observado o significado da expressão *asmitā-mātrāt* neste aforismo. Embora literalmente signifique "de acordo com o sentido de eu por ele desenvolvido", o significado é o mesmo no aforismo dos *Shiva-Sūtras*, ou seja: "de acordo com a medida da capacidade por ele desenvolvida".

Vidyā-vināshe janmavināshah

III. 18 – "O ciclo de nascimentos e mortes termina somente com a destruição do conhecimento mental inferior baseado em ilusões de várias espécies."

    Após referir-se a alguns dos poderes extraordinários desenvolvidos por um *Yogue* devido à expansão da própria consciência, o autor salienta suas limitações e as possibilidades de perturbações no futuro que continuam a existir em sua natureza, não obstante o estágio avançado de desenvolvimento já alcançado. Enquanto o *Yogue* não penetra através do centro da própria consciência, e se estabelece permanentemente no mundo da Realidade, unindo sua consciência com a Consciência Universal de Shiva, existe o perigo de uma queda, até mesmo das vertiginosas alturas já conquistadas. Já que ele estará sujeito novamente a novas ilusões e sofrimentos do mundo fenomênico, para que serve o progresso feito? O ideal de obter as alegrias da existência na vida após a morte através de rituais, etc., buscada e descrita nos *Vedas* nos estágios primitivos do pensamento hindu, foi abandonado como inútil em época posterior, porque a felicidade prometida era parcial e de natureza temporária. Foi a rejeição desse ideal que levou os pioneiros nesse campo a mergulharem mais profundamente nas realidades da vida e encontrar uma Realidade que está acima do processo de mudanças, deterioração e morte, oferecendo bem-aventurança perfeita, que não pode se perdida em nenhuma circunstância. Foram esses esforços mais intensos, feitos em níveis mais profundos que levaram à descoberta de que existe uma Realidade oculta no coração de cada ser humano. Este conhecimento, ou antes, esta realização confere ao indivíduo que o conquistou bem-aventurança permanente e poder infinito, que não podem lhe ser retirados em nenhuma circunstância. Esse altíssimo e supremo ideal do esforço humano no campo da vida espiritual foi por isso adotado mais tarde e foi exposto de variadas maneiras nos *Upanixades*. Tal estado é chamado *Jīvanmukti* porque liberta o indivíduo da necessidade, e até mesmo da possibilidade de voltar aos mundos inferiores de ilusão, ser novamente envolvido em seus sofrimentos. Ele pode descer aos mundos inferiores como um agente da Vida Divina para desempenhar determinadas funções no Plano Divino; vem, porém, como um indivíduo livre, imune às ilusões e misérias da vida a que o homem comum está sujeito. Este estado de Iluminação permanente e irreversível é também chamado Liberação, *Kaivalya*, etc., em diferentes religiões.

Kavargādisu māheshvaryādyāh pashumātarah

III. 19 – "O *Yogue* deve estar alerta em relação aos Poderes Divinos que inevitavelmente o testarão antes que a Liberação possa ter lugar. Tais poderes pertencem a *Maheshvara* e são formas diferenciadas de *Ādi Shakti*, e são inerentes, em sua forma elementar, nos sons das letras. São esses poderes que desempenham as mais altas funções da Criação, produzindo as ilusões, etc., que são necessárias em qualquer sistema manifestado."

Na discussão do aforismo anterior foi enfatizado que, mesmo no caso dos *Yogues* que alcançaram altos estágios de desenvolvimento da consciência e podem assim usar os mais extraordinários poderes, existe a possibilidade de sua queda das grandes alturas de consciência espiritual que escalaram com a prática do *Yoga*. Tal possibilidade permanece enquanto a consciência está confinada no mundo da manifestação e ainda não se tornou permanente e irreversivelmente estabelecida no mundo da Realidade. É somente então que eles estão inteiramente livres do perigo de uma queda; embora eles desçam aos mundos inferiores para ajudar os seus semelhantes, não existe o perigo de serem novamente colhidos pelas ilusões e tornarem-se presos à roda dos nascimentos e das mortes.

As histórias e lendas ligadas às vidas de todos os grandes Instrutores das religiões do mundo narram as grandes provas e tentações por eles sofridas antes de provarem sua incorruptibilidade, conquistando assim o direito de dar ao mundo a sua mensagem. As histórias contadas nas escrituras não são provavelmente verdadeiras, mas o princípio que ilustram é sem dúvida verdadeiro. Todos os grandes Instrutores de religião e, de fato, todos os buscadores da Verdade suprema têm que passar por testes e tentações da natureza mais sutil até que lhes seja permitido cruzar o limiar que separa o mundo da Realidade do mundo da manifestação. De fato, tal processo de contínuos testes começa assim que o aspirante entra no caminho da Santidade e resolve seriamente e com determinação, encontrar as realidades internas da existência e finalmente a Realidade Suprema. Porque a ninguém é permitido passar pelos portais do santuário mais interno da Santidade trazendo consigo qualquer espécie de fraqueza ou inaptidão que possam levá-lo a trair os poderes Divinos ilimitados que vêm a ele naturalmente e sem a menor solicitação da sua parte.

Mas devemos nos lembrar de que as provas e tentações pelas quais as pessoas nesses altos estágios espirituais têm de passar não são as tentações comuns ligadas às fraquezas humanas comuns. As histórias que encontramos nas escrituras são, portanto, até certo ponto enganadoras porque descrevem as dificuldades e tentações de pessoas ou aspirantes comuns. A espécie de tentações e provas pelas quais os candidatos à Autorrealização têm que passar em seu progresso estão além da nossa compreensão, porque se relacionam com os altos estados de consciência e os tremendos poderes adquiridos pelos *Yogues* naqueles avançados estágios. Seria ridículo acreditar que um *Yogue* que atingiu a onisciência e a onipotência possa cair em tentações comuns a que resistem até mesmo os *sādhakas* que possuam algum discernimento espiritual e força de vontade. A razão pela qual as narrativas apresentadas nas escrituras se referem a fraquezas e tentações do homem comum repousa obviamente no fato de serem as escrituras destinadas à instrução de pessoas comuns, incapazes de compreender as realidades mais sutis da vida interna e os tipos sutis de fraquezas que ainda permanecem na natureza dos *sādhakas* naqueles elevados estágios de desenvolvimento.

Após haver tratado da necessidade de submeter os candidatos à Autorrealização aos mais rigorosos testes e provações na explanação do aforismo anterior, tomemos agora para estudo este aparentemente incompreensível aforismo, o qual lança um pouco de luz sobre o método e os instrumentos utilizados para os testes e as provas. Este aforismo não teria sentido sem que se tenha uma ideia geral sobre a doutrina Oculta e, particularmente, sobre o seu conceito relativo à natureza do universo manifestado e a Realidade que é a base do universo. Mesmo um conhecimento superficial desse conceito que se apoia, não numa suposição, mas nas diretas realizações de uma longa linhagem de Adeptos, místicos e sábios, nos mostrará como a ciência moderna se distanciou dessa Verdade subjacente em sua busca de uma Realidade sem Deus, na qual acredita tropegamente, e que procura sem entusiasmo.

Antes de considerar o aforismo como um todo seria útil procurarmos entender, num sentido geral, o significado das frases que o compõem e que são da natureza mais profunda. Ao estudar tais aforismos, o estudante sério da doutrina Oculta fica fascinado não apenas pela profundeza do conhecimento adquirido pelos Adeptos do Ocultismo em relação às realidades mais profundas da vida e da existência, mas também pela sua capacidade de comunicar a essência do conhecimento dessas realidades de maneira sucinta e de fácil compreensão aos *sādhakas* e aos estudantes sérios e possuidores de discernimento. Porém, apenas aqueles cuja faculdade de intuição foi suficientemente desenvolvida têm a capacidade para perceber a significação e importância do que está contido em tais aforismos. O céptico ou o tíbio buscador da Verdade passará por eles com indiferença ou se contentará com o significado literal, sem compreender ou apreciar as profundas verdades neles ocultas.

Kavargādisu - As letras do alfabeto sânscrito são organizadas em grupos, sendo cada um designado pela primeira letra do grupo, a qual é chamada uma *varga*. *Kavarga* é assim o grupo que começa com *ka* e *kavargādisu* refere-se ao alfabeto sânscrito como um todo.

Māheshvaryādyāh - *Māheshvara* significa "de Mahesha" e *ādyā* designa "o Poder Supremo do qual derivam todos os Poderes Divinos". *Māheshvaryādyāh*, portanto, refere-se a Durga, o Poder Supremo do Logos Cósmico.

Pashumātarah - Significa a Mãe Divina cujo poder de ilusão ou *Māyā* mantém as almas na escravidão do *Samsāra* para o desenvolvimento dos poderes Divinos ocultos em forma potencial em seus corações.

Uma doutrina muito conhecida do Ocultismo diz que o 'Som', em seu sentido místico, é a base do universo manifestado, e os diversos poderes necessários ao preenchimento das várias funções Divinas são inerentes a sons específicos, sendo cada um uma vibração definida associada com um poder definido e capaz de produzir resultados definidos na manifestação. Não apenas os sons simples são associados a poderes específicos, mas também os sons compostos, resultantes de permutações e combinações de sons simples, também têm poderes definidos que lhes são próprios. De fato, este princípio é a base do *Mantra-Yoga* e do *Mantra-Shastra*.

Como se considera que sons de todas as espécies podem ser produzidos pelas letras do alfabeto sânscrito, a gama total dos poderes existentes na manifestação e que produzem os mundos fenomênicos são aceitos como baseados, ou derivados, das letras do alfabeto sânscrito. Isso talvez não seja verdadeiro literalmente, mas o princípio geral pode ser aceito sem relutância.

Este aforismo, tomado como um todo, simplesmente indica a origem e a base do mundo irreal criado pelo Poder Divino ou *Shakti* em seu aspecto *Māyā*. A finalidade da criação do mundo fenomênico é a evolução ou desenvolvimento da consciência das incontáveis Mônadas envolvidas nos mundos manifestados, e os instrumentos para a criação desse mundo fenomênico são os sons que correspondem às letras do alfabeto sânscrito.

O uso da expressão *Pashumātarah* para esse Poder Divino requer uma explicação. Embora a palavra sânscrita *pashu* se refira usualmente a um animal e se torne, naturalmente, pejorativa, quando aplicada a um ser humano, no presente contexto ela indica o estágio de escravidão nas ilusões e limitações dos mundos inferiores com o propósito do desenvolvimento de suas potencialidades Divinas. Neste contexto, é muito significativo o uso da palavra *mātarah*. Ela pretende mostrar que o Poder Divino, que é também a Mãe de todas as Mônadas em evolução no universo manifestado, conserva-as em escravidão unicamente por motivo de amor, a fim de que as divinas potencialidades nelas ocultas possam gradualmente vir à atividade e, passando por todos os estágios intermediários da evolução, chegar finalmente ao estado de Logos Solar e adquirir a onisciência e onipotência características desse estágio. O mundo fenomênico é verdadeiramente uma escola para a educação das Mônadas e não uma prisão como é geralmente considerado por muitas pessoas que não fizeram um estudo profundo e amplo da doutrina Oculta.

Trisu caturtham tailavad āsecyan

III. 20 – Este aforismo afirma em linguagem metafórica que "o *Yogue* deveria fazer um esforço constante para manter o *turīya*, ou quarto estado de consciência subjacente aos estados inferiores, de modo a não se deixar novamente envolver nas ilusões dos mundos inferiores. O estado *turīya* é o estado *Átmico* de consciência no qual há uma percepção parcial da Realidade, mas, devido à centralização da Consciência pura, este estado não está completamente livre das ilusões e limitações mais sutis da manifestação."

Depois de chamar atenção, no último aforismo, para o risco em se permanecer satisfeito com os exaltados estados de consciência e os extraordinários poderes conquistados nos estágios intermediários, o autor apresenta neste aforismo o método para alcançar o supremo estado de Iluminação que é permanente e irreversível e elimina o perigo de retroceder aos estados inferiores. Embora haja consenso entre os que expõem essas verdades sobre a existência de um estado de suprema Iluminação, e tal estado deva ser alcançado a fim de que não mais haja a possibilidade de recaída nas ilusões dos mundos inferiores, os nomes dados a esse estado, e as concepções a ele associadas diferem até certo ponto em algumas das várias escolas de pensamento. Em algumas este estado é chamado *turīya* ou "o quarto estado", em outras, *kaivalya*, e ainda *shivāvasthā* pelos que pertencem às escolas de filosofia shaivista. No aforismo II. 26 dos *Yoga-Sūtras*, ele é mencionado como *Viveka-khyāti aviplavā*.

No presente aforismo, e também no seguinte, é indicado o método para o atingimento desse estado de permanente e irreversível percepção da Realidade. Tal método consiste num esforço constante e ininterrupto para permanecer nesse estado, que no *Pratyabhijñā Hridayam* é chamado *nityodita samādhi*. Parciais e ocasionais vislumbres desse estado chamado *turīya* já foram obtidos desde os estágios preparatórios da prática. Mas isso não é suficiente pelas razões já apresentadas. O estado de *turīya* não só deve ser atingido, mas também deve permear ininterruptamente os três estados inferiores de consciência. Isso é possível porque esses três estados inferiores são derivados de e realmente são formas diferenciadas do quarto estado, que é um estado integrado da consciência.

O método recomendado para aquisição do estado contínuo e permanente de percepção da Realidade dentro das frequentes e ilusórias mudanças no mundo fenomênico é, naturalmente, a prática constante. Sempre que desejarmos adquirir qualquer espécie de estado mental na longa e árdua prática do *Yoga*, o primeiro passo é obter um vislumbre parcial e temporário desse estado pela prática intensiva dos métodos adequados prescritos para essa finalidade. Esse estágio é o mais difícil porque temos que organizar nosso esforço e mobilizar inteligentemente todos os nossos recursos mentais e conhecimentos teóricos para chegar ao nosso objetivo. Mas, uma vez que tenhamos tido sucesso e obtido um vislumbre parcial e temporário e, assim, adquirido o gosto da prática efetiva, o passo seguinte é simplesmente repetir e continuar os nossos esforços na mesma direção e obter estes vislumbres da Realidade mais facilmente e com maior frequência. E, se perseverarmos em nossos esforços, chegará um dia em que os vislumbres temporários e parciais serão substituídos por uma percepção constante e completa da Realidade. É esse fato tão simples que o aforismo em estudo procura, em linguagem metafórica, comunicar ao estudante.

O aspirante deve observar que este método para conseguir eficiência e facilidade de ação em tal esfera do esforço humano não é exclusivo da prática do *Yoga* e suas técnicas. É um princípio universal a ser seguido em se aprender a fazer o que quer que seja, com facilidade e perfeição crescentes. Para o *sādhaka*, felizmente, existe um limite para a perfeição a ser adquirida nessa esfera, e esse limite é alcançado quando sua consciência se une à Consciência Universal de Shiva. Pois assim, a sua consciência atingiu um estado integrado e é imutável, infinita e ilimitada.

Magnah svacittena pravishet

III. 21 – Como se atinge o quarto estado de consciência chamado *turīya*? Este aforismo responde à pergunta. "Nele se entra ao se mergulhar nos níveis mais profundos da consciência, a partir do nível de nossa própria mente."

Ao discutir o último aforismo, vimos que atingir o quarto estado de consciência ou *nityodita-samādhi* em meio aos três estados inferiores de consciência é "manter continuamente o quarto estado fluindo nos três inferiores" na linguagem metafórica usada no aforismo. Na linguagem comum isso significa que primeiro temos de obter um vislumbre temporário do quarto estado, ou a percepção da Realidade pela concentração de todos os recursos e energias mentais com esse objetivo e, quando tivermos conseguido fazer isso, repetir o processo muitas e muitas vezes, até que o quarto estado se torne permanentemente estabelecido pela prática de *nirbīja samādhi* (I.51) e o *dharma-megha-samādhi* seja finalmente atingido, como se diz nos *Yoga-Sūtras* (IV. 29).

Como pode *turīya*, ou quarto estado, ser obtido em meio aos três estados inferiores? Para que nenhuma dúvida possa permanecer sobre este ponto o autor apresenta, neste aforismo, o princípio que é subjacente ao método indicado, um princípio que é de aplicação geral na prática do *samādhi* no *Yoga*. O método, de acordo com o aforismo em discussão, consiste em mergulhar progressivamente nas camadas mais profundas da nossa própria mente. De cada nível mental já alcançado, mergulhamos em profundidade no seguinte e mais profundo e o processo se repete nos diferentes estágios de *samādhi* até que o supremo estado de Iluminação seja atingido. Como este assunto já foi estudado detalhadamente e em seus vários aspectos em *A Ciência do Yoga*, não precisamos entrar em mais detalhes no momento. Mas há um ou dois pontos em relação a esse estado supremo que devemos deixar bem claros em nossas mentes se quisermos apreender o significado mais profundo deste aforismo.

O primeiro ponto a notar é que o estado *Turīya* de consciência não é somente o mais alto de todos os estados, mas também é o pai ou a fonte dos outros três. Os três estados inferiores: *jāgrat*, *svapna* e *susupti* são derivados, por assim dizer, do estado integrado que é *Turīya* e podem coexistir, lado a lado, com este estado. Assim, quando o *Yogue* está no estado *Turīya* de consciência, não está necessariamente desconectado dos mundos inferiores, mas pode funcionar nesses mundos em todos os outros três estados, tal qual uma pessoa que, estando em um jardim na luz do Sol, pode ver não apenas a luz branca proveniente do Sol, mas também as cores dos vários objetos presentes produzidos por esta luz. O estado *Turīya* permeia e inclui os três estados inferiores e este fato é que torna possível ao indivíduo Autorrealizado ver todo o universo manifestado, em todos os seus aspectos e a todo momento como a expressão da Realidade Una. Nenhuma ideia de distinções ou diferenças na natureza essencial de todos os objetos e atividades, ou *bheda-bhāva*, permanece ou pode surgir em sua mente em nenhuma circunstância.

O segundo ponto a notar com relação ao método para atingir o estado *Turīya* é de natureza dual. Por um lado significa a penetração da consciência nos seus níveis mais profundos, passando através do próprio centro pela força de vontade, o que significa o domínio da técnica do *samādhi*. E, por outro lado, significa o controle e a manipulação das correntes de *prāna* e *kundalinī* nos veículos. Os instrumentos para a transferência da consciência de um plano para outro fazem parte do mecanismo dos veículos, e é necessário um conhecimento completo e correto do seu funcionamento antes que se possa trilhar o caminho do *Yoga* em seus estágios mais elevados, sob a orientação de um Adepto do Ocultismo.

O estudante sério observará que os *Shiva-Sūtras* tratam dos problemas do *Yoga* e da Autorrealização do ponto de vista mais elevado, e abrange em seu vasto âmbito todos os princípios e técnicas essenciais e fundamentais do *Yoga*. Mas, como o tratado é destinado apenas ao estudo e à prática dos aspirantes mais adiantados e sérios, a apresentação é muito sucinta e apenas são dadas sugestões e referências mais gerais dos princípios e das técnicas para a prática intensa do *Yoga*. Espera-se que o *sādhaka* ou o aspirante que está trilhando a senda do *Yoga*, ou Ocultismo prático, já tenha adquirido um conhecimento geral, acerca dos detalhes, em outros tratados como os *Yoga-Sūtras*, etc. e já tenha desenvolvido a necessária força de vontade e o hábito da busca do difícil propósito espiritual com perseverança e determinação. Pensamentos fantasiosos e débeis tentativas para alcançar ideais altissonantes e mais ou menos vagos não têm lugar neste campo de esforço espiritual, e aqueles que não possuem as qualificações adequadas para trilhar tão difícil senda devem começar primeiro concentrando todos os seus esforços no desenvolvimento de tais qualificações. O estudo de livros como: *Luz no Caminho*, *Pratyabhijñā Hridayam* e *Yoga-Sūtras* lhes darão uma compreensão mais clara e compreensiva da natureza destas qualificações e dos métodos usados para adquiri-las.

Prānasamācāre samadarshanam

III. 22 – "O atingimento do quarto estado de consciência, no qual a consciência do *Yogue* está centralizada no plano *Ātmico* e os três estados inferiores tornaram-se integrados em um único, requer também a regulação das correntes de *prāna* e *kundalinī* em seus respectivos canais dentro do corpo."

Foi mencionado no estudo do último aforismo que o atingimento dos estados mais elevados de consciência no *Yoga* não somente envolve o controle e a supressão de estados e atividades mentais, referidos como *citta-vritti-nirodha* nos *Yoga-Sūtras*, como também o domínio e a manipulação de determinadas correntes de energia como *prāna*, *kundalinī*, etc., que fluem em canais definidos nos veículos mais sutis, e desempenham funções variadas nesses veículos, inclusive no corpo físico. Estes veículos da consciência, chamados *sharīras* em sânscrito, possuem um mecanismo complexo mas preciso e a expressão da consciência e da mente através de tal mecanismo depende do fluir dessas correntes de energia. Grande parte deste trabalho se processa automaticamente através do sistema nervoso simpático, porém o fluxo das correntes e sua manipulação podem ser colocados sob o controle da mente por certas práticas do *Yoga*. Quando esta faculdade foi desenvolvida, é possível dirigir essas correntes de *prāna* e *kundalinī* através de certos canais e, pela ativação de centros presentes nos veículos mais sutis, desenvolver poderes psíquicos e gerar expansões de consciência.

A ativação destes centros localizados em diferentes partes do cérebro e da coluna vertebral pode ser processada de baixo para cima pelo próprio indivíduo ou de cima para baixo pela descida do Poder Divino dirigida por um *Guru* competente ou pelo *ishta devatā*[9] do *sādhaka*. Os centros mais elevados estão sob o controle da Consciência Divina e a sua ativação e a consequente expansão de consciência podem ser realizados exclusivamente pela Vontade Divina, atuando o *guru* apenas como um agente daquela Vontade.

As iniciações, que desempenham um papel proeminente no desenvolvimento espiritual de um discípulo, são, na verdade, as expansões de consciência geradas pela manipulação destas forças por aqueles que possuem o necessário conhecimento e poder, e também a autoridade, para usar o seu poder para tais propósitos. Estas questões ocultas são conservadas estritamente secretas devido à possibilidade do mau uso dos poderes inerentes aos estados mais elevados de consciência, que aparecem naturalmente sem nenhum esforço definido da parte do discípulo. Esta parte do trabalho no desenvolvimento espiritual do discípulo é geralmente empreendida quando este já desenvolveu as qualidades que um Adepto deve possuir e está se

---

[9] *Ishta devatā* = entidade objeto de devoção do aspirante.

aproximando do final da senda. Efetuar essas mudanças nos veículos do discípulo exige longo tempo e depende das potencialidades que ele possui e do *karma* com o qual ele tem que lidar na vida presente.

Embora a maioria dos estudantes de Ocultismo e *Yoga* esteja familiarizada com a ideia de que existem forças tais como *prāna* e *kundalinī* que devem ser controladas e manipuladas na prática do *Yoga*, a função dessas forças no atingimento dos mais altos estados de consciência não é perfeitamente entendida e apreciada. Em relação a este assunto há duas atitudes extremas entre aqueles que com ele se preocupam. Uma classe de aspirantes primários possui uma grande fascinação por essas pseudoartes ocultas e são bastante precipitados ao empreender toda espécie de práticas relacionadas com as forças mais sutis, com o objetivo de obter poder psíquico e serem tidos como grandes *Yogues*.

A outra classe de pessoas tem uma ideia muito vaga e às vezes errônea sobre a natureza e importância de tais forças e pensam que elas não têm nada a ver com isso na presente encarnação. Continuam a viver a mesma vida de antes, envolvendo-se em seus prazeres e tomando parte nas atividades da vida mundana sem fazer nenhum esforço para vencer as próprias fraquezas e empreender a preparação para a senda que as libertará do mundo das ilusões.

Ambas essas atitudes são incorretas e resultam de imaturidade espiritual e ausência de pensamento sério. As forças de que tratamos são não apenas reais, mas também têm um grande papel a desempenhar em nossa vida espiritual, mesmo que isso não possa ser conseguido no presente imediato. Uma compreensão correta do que representam essas forças é necessária para se adquirir uma visão equilibrada dos problemas vitais da existência, mas também para a preparação necessária para se levar uma vida Autoequilibrada, Autoconfiante e iluminada, ou seja, espiritual no sentido verdadeiro.

Como foi explicado em outros contextos, o envolvimento da Mônada nos mundos inferiores aconteceu devido às ilusões subjetivas produzidas por *Māyā*, mas também pela prisão nos mecanismos objetivos no veículo através do qual a consciência funciona nos planos inferiores da manifestação. É por essa razão que no processo inverso, o da libertação dos mundos inferiores, temos que usar as armas gêmeas de *viveka* e *vairāgya*, e também adotar os meios necessários para aprender a controlar e manipular as forças que fluem através dos nossos veículos, embora esta última parte seja empreendida nos estágios avançados do nosso treinamento. Como já foi observado nos últimos aforismos dos *Shiva-Sūtras*, mesmo um indivíduo Autorrealizado, quando trabalhando nos mundos inferiores, fica parcialmente separado do mundo da Realidade durante aquele tempo, e depende da manipulação de forças como *prāna* e *kundalinī* no mecanismo de *susumnā* para o reestabelecimento de contato pleno com o mundo da Realidade, quando o seu trabalho termina. Muitos defeitos e deficiências da nossa vida comum também estão enraizados no funcionamento desarmonioso e na desorganização dessas forças e de suas correntes, e a correção adequada de tais defeitos, por alguém competente, pode levar à remoção efetiva e permanente dos nossos problemas. Assim, procuremos entender tão importantes fatores, que incidem na nossa vida, e adquirir uma atitude equilibrada e correta em relação a eles, a fim de podermos preparar-nos para entrar na senda da Santidade que leva finalmente à Iluminação.

O aforismo que estamos estudando destina-se a enfatizar o aspecto objetivo da nossa autodisciplina, na qual aprendemos a controlar nossos veículos e a manipular as forças que fluem por eles. Para bem compreender a importância deste aforismo devemos atentar para o significado da palavra sânscrita *sama*. Esta palavra é usada em muitos sentidos diferentes, mas no presente contexto o seu significado, nas duas frases em que aparece, é óbvio.

Na primeira frase denota que a realização do Estado chamado *samadarshana* só é possível quando as correntes de *prāna*, que fluem normalmente pelos veículos assegurando o seu funcionamento correto, são dirigidas de maneira definida para canais específicos, de forma definida. Esse tipo de funcionamento do *prāna* nos veículos é completamente diferente do seu trabalho normal de fazer os veículos realizarem suas funções normais. Tal técnica é geralmente chamada *prānāyāma*, mas *prānāyāma* não é meramente a regulação da respiração com a finalidade de aumentar a vitalidade e curar certas doenças, como supõem estudantes superficiais. Existe toda uma Ciência e de natureza complexa que trata dessas práticas e torna possível o seu uso eficiente e seguro. Ela compreende não apenas o controle da respiração no corpo físico, mas também das forças que fluem nos veículos mais sutis que interpenetram o corpo físico, fazendo deste último um eficiente instrumento da mente e da consciência. A este controle e manipulação adequados de *prāna* pode-se chamar *prānasamācāre*.

Na expressão *samadarshanam* a palavra *sama* significa: "o mesmo", "idêntico" e obviamente a expressão se refere à visão sintética do universo manifestado, possuída por um indivíduo Autorrealizado, na qual todos os constituintes e aspectos são vistos meramente como aspectos variados da Realidade Única, e deixa de existir a *bhedabhāva* (sentimento de diferença) que caracteriza a visão do homem comum. Esse é o estado de constante percepção da Realidade e para mantê-lo faz-se mister que *prāna* e outras correntes mais sutis do corpo circulem de maneira harmonizada e controlada.

Madhye varah prasavah

III. 23 – "O estado de completa Autorrealização deve ser atingido, porque a menos que o *Yogue* esteja firme e irreversivelmente estabelecido no mundo da Realidade, a sua consciência pode reverter aos estados inferiores, viciados pela ilusão."

O objetivo final de todo o esforço espiritual é a obtenção de uma percepção contínua e total da Realidade, chamada *samadarshanam* no aforismo anterior. Esse estado é atingido somente depois de prática intensa e prolongada, e nos estágios anteriores ocorrem interrupções com maior ou menor frequência, de acordo com o progresso feito pelo *sādhaka*. Estas interrupções assumem a forma de reversões aos estados inferiores de consciência, nos quais o *sādhaka* pode ceder às tentações sutis às quais é exposto, e pode se deixar envolver pelas atrações e alegrias dos mundos inferiores. Uma vez desviado do caminho não se pode sabe quando recobrará o sentido de discernimento espiritual e a força de vontade para tentar voltar à senda do desenvolvimento espiritual por ele abandonada. Mesmo que ele compreenda o seu engano e faça um esforço para recuperar o estado anterior, ele pode necessitar de anos, ou mesmo de vidas, para voltar ao estado por ele perdido. É a essas interrupções e envolvimentos, mais uma vez, nas atrações dos mundos inferiores que se refere o aforismo III. 23.

Nos estados altamente avançados de progresso espiritual estas interrupções podem consistir apenas em uma reversão temporária da consciência a estados um pouco mais inferiores do que o da completa Iluminação, cujos vislumbres foram obtidos anteriormente. É preciso não esquecer que o próprio estado de *samādhi* consiste em níveis gradativos de contemplação, sendo o estado mais alto alcançado pela elevação de um nível para outro. A reversão a um estado inferior pode, portanto, significar apenas a inversão desse processo e a descida temporária aos degraus inferiores da escada pelos quais ascendemos ao estado mais elevado.

Esta espécie de reversão é completamente diferente daquela a que se fez referência anteriormente, na qual o indivíduo se deixa envolver pelas atrações dos mundos inferiores e, temporariamente, perde de vista os ideais e a meta que deve conquistar. O próximo aforismo mostra que é a este tipo de reversão a um estado inferior de consciência que se refere o presente aforismo. Do ponto de vista mais elevado, qualquer desvio do estado de percepção da Realidade Una, com o aparecimento de *bheda-bhāva* mesmo no grau mínimo, é uma reversão a um estado inferior. Julgado pelos nossos padrões comuns, este estado inferior pode ainda ser exaltado fora do alcance do homem comum, mas, do ponto de vista do *Yoga* superior, pode ser considerado como uma "queda" das grandes alturas previamente alcançadas. Nessas coisas, como em todas as que implicam em gradação, é uma questão de relatividade.

Mātrāsvapratyayasamdhāne nastasya punar utthānam

III. 24 – "Através de tentativas repetidas para atingir o mais alto estado de consciência possível no mundo da Realidade, aquele Estado que foi anteriormente perdido pela reversão aos estados inferiores é permanentemente alcançado."

Pelo que foi exposto nos *Yoga-Sūtras* e no *Pratyabhijñā Hridayam*, é claro que existem definidamente dois estágios no atingimento da Autorrealização. O primeiro estágio é alcançado quando a consciência, depois de haver transcendido todos os estados mentais, fica centrada no Centro individual de Consciência, que inclui e abrange todos os estados mentais e também estabelece um contato parcial com o mundo da Realidade através do Centro *Átmico*, o qual liga o mundo manifestado ao não manifestado. Nesse estado o *Yogue* se reconhece como um *Ātmā* individual, separado porém uno com os outros *Ātmās* individuais na existência. O conhecimento obtido nesse estado é chamado *Ātmā-bodha* ou *Ātmā-bhāva* em sânscrito.

Contudo o *Yogue* deve descobrir, mais cedo ou mais tarde, que este não é o estado supremo de Autorrealização, o qual só pode ser alcançado quando se atravessa o Centro da Consciência e, por assim dizer, se emerge no mundo da Realidade que existe no outro lado do Centro. Quando este fato é perfeitamente compreendido pelo *Yogue*, até as atrações do plano *Átmico*, tais como a Onisciência e a Onipotência, perdem o seu fascínio, e ele passa a dirigir todas as suas energias na direção da realização do estado supremo que existe do outro lado do Centro da Consciência, no mundo da Realidade, como diz o aforismo IV. 25 dos *Yoga-Sūtras*. Nesse estado a sua consciência individual torna-se una com a Consciência Universal, chamada de estado de Shiva.

O aforismo que estamos discutindo salienta o método para o atingimento deste segundo e último estágio da Autorrealização, no qual o *Yogue* fica permanente e ininterruptamente consciente da sua natureza Real e da sua união com *Paramātmā*. Ele teve antes vislumbres temporários e parciais deste estado supremo, mas esta plena percepção é interrompida pela percepção parcial dos estados inferiores até os mais exaltados estados de consciência. O método consiste simplesmente em fazer esforços repetidos para atingir o estado de completa Autorrealização, sempre que tenha lugar a reversão a estados inferiores. No decorrer do tempo desaparece completamente a tendência de reverter aos estados inferiores. O Sol Espiritual da Consciência de Shiva brilha constantemente e sem obstruções no firmamento da consciência individual, e a percepção da unidade entre ambos é mantida sem qualquer interrupção.

Shivatulyo jāyate

III. 25 – "Ao atingir o mais elevado estado, além do estado *Átmico* de consciência, a consciência do *Yogue* se torna una com a Consciência de Shiva ou *Paramātmā* e adquire os seus atributos."

Este aforismo deve ser entendido e interpretado cuidadosamente à luz da Doutrina Oculta, levando em consideração os conceitos fundamentais dessa doutrina no que concerne à origem e natureza do universo, e à maneira como sua imensa e complexa maquinaria é posta em funcionamento suave e harmoniosamente, sem que nenhuma agência ou poder visíveis supervisionem seu trabalho. Somente aqueles que têm uma visão clara dos princípios fundamentais que presidem o desenvolvimento de um universo manifestado saberão apreciar o significado profundo do presente aforismo e os que vêm em seguida para prover uma maior riqueza ao seu significado.

Embora a Ciência tenha estudado com minucioso detalhe e grande precisão as leis e os fatos relacionados com a natureza e origem do universo, e as leis da Natureza que governam o seu funcionamento, suas teorias a respeito não têm valor porque são baseadas em falsas premissas e ideias preconcebidas, adotadas arbitrariamente para adequarem-se à conveniência da filosofia materialista. Embora a Ciência tenha feito imenso progresso no desenvolvimento tecnológico, graças aos dados experimentais coletados no campo dos fatos físicos e das leis da Natureza, suas teorias em relação às origens e à natureza do universo e da vida em geral são meramente suposições fantásticas tornadas respeitáveis e profundas aos olhos do homem comum por apresentar-se-lhes com roupagem de pensamento científico, e coloridas com o espírito da investigação filosófica. É uma prova do que foi dito anteriormente o fato de o caminho do desenvolvimento do pensamento científico sobre a origem e a natureza do universo e do homem estar disseminado por teorias descartadas.

No presente contexto não é possível discutir estas amplas questões da vida e da existência em geral. Elas foram tratadas em lugares apropriados em outros livros. Mas o estudante e aspirante que deseja seriamente compreender e resolver os problemas mais profundos da vida humana deveria empreender, pelo menos, um estudo geral da Doutrina Oculta como um todo, e familiarizar-se com os seus conceitos fundamentais, porque não há outra fonte cujas informações mereçam confiança no que concerne a estes problemas vitais, exceto os que são fornecidos de maneira concentrada nesta Doutrina, e de maneira difusa e de forma rígida nas grandes religiões do mundo.

Para entender adequadamente a importância deste breve aforismo, é necessário lembrar que a Realidade Suprema é um estado integrado, e quem quer que se torne consciente dessa Realidade se conhece como essencialmente uno e idêntico a essa Realidade. A Autorrealização não é, portanto, uma questão de crescermos e nos transformarmos em algo imensamente maior do que nós próprios, mas simplesmente nos tornarmos conscientes de um fato que sempre existiu, ou melhor, que é de uma natureza eterna. Meramente nos tornamo conscientes desse fato pela remoção dos obscurecimentos criados pela nossa mente, devido à centralização de nossa consciência e a consequente limitação dos nossos poderes.

Também é necessário lembrar, em relação a este assunto, as características essenciais do estado integrado que foi estudada no livro *O Homem, Deus e o Universo*. Porque ele é Uno, Completo, Total, sem distinções de nenhuma espécie dentro de si mesmo, ele é o mesmo sempre e em toda parte, e todos aqueles cujos centros de consciência estão estabelecidos nesse Estado são conscientes dessa mesma Realidade em sua plenitude e sua natureza oniabarcante.

O estudante deve observar cuidadosamente o significado sutil da palavra sânscrita *tulya*, pois da compreensão correta do seu significado depende a compreensão exata da importância do presente aforismo. A palavra *tulya* significa ao mesmo tempo "idêntico" e "do mesmo tipo". Não é fácil defini-la no presente contexto porque envolve a relação completa entre o Uno e o Múltiplo. Quando o *Ātmā* individual realiza a sua própria unidade com o *Paramātmā*, não é fácil compreender a relação estabelecida entre ambos, e ainda menos defini-la. Não há nenhuma dúvida de que o *Ātmā* é essencialmente da mesma natureza que o *Paramātmā*, e participa da Consciência e Poder do *Paramātmā*, denominado Shiva no presente aforismo, mas, obviamente, os dois não podem ser exatamente os mesmos ou idênticos. Ainda assim é difícil perceber qual é a diferença.

A doutrina Oculta sobre a existência de um governo interno em cada mundo manifestado, onde diferentes membros desta Hierarquia Oculta ocupam diferentes cargos de responsabilidade na Hierarquia gradativa, mostra claramente que, apesar da Unidade e da Identidade que existem no fundo da consciência dos indivíduos Autorrealizados, existem diferenças sutis, mas perfeitamente definidas, em suas consciências quando funcionam no mundo da manifestação e operam diversas espécies de poderes, no cumprimento do Plano Divino. No entanto, essas diferenças não são as mesmas que encontramos entre as pessoas que compõem os governos modernos, de diferentes tipos, nos diversos países do mundo. Existe entre elas uma diferença vasta e fundamental, e as razões para tais diferenças não são muito difíceis de perceber. Aqueles que constituem as hierarquias dos governos modernos, com poucas exceções, são pessoas ainda menos desenvolvidas mental, moral e espiritualmente e envolvidas pelas grosseiras ilusões e limitações deste mundo. De fato, as ilusões que os envolvem são mais grosseiras do que as do homem comum decente em qualquer sociedade, porque o exercício do poder, sem um senso agudo de discernimento e inegoísmo, tende a corromper a natureza do homem e obscurecer o seu *buddhi* com véus cada vez mais densos de ilusão, na medida em que se torna mais corrupto, embora ele perceba cada vez menos este fato. Essas limitações não existem, até no menor grau, no caso dos indivíduos Autorrealizados que constituem os governos internos dos diversos mundos.

Sharīra – vrttir vratam

III. 26 – "Um tal *Mahātmā* Autorrealizado, embora livre da compulsão de reencarnar, pode manter veículos no mundo manifestado a fim de ajudar a humanidade, como um ato de austeridade."

O atingimento da Autorrealização completa e irreversível que é descrita, ou antes, indicada no último aforismo, marca um estágio definido e fundamental no desenvolvimento da consciência e dos poderes da Mônada. A maioria dos aforismos remanescentes nesta Secção dos *Shiva-Sūtras*, destina-se, em grande maioria, a elucidar a vida, funções, estado de consciência e poderes destes Grandes Seres que ultrapassaram o estágio humano e entraram no reino dos Seres Super-humanos. Eles supervisionam o funcionamento do Plano Divino através de todo o universo manifestado e desempenham funções de natureza tão excelsa que são incompreensíveis para nós. O reino dos Seres Super-humanos se estende além do campo da manifestação e o seu alcance e os poderes que seus membros exercem podem ser avaliados pelo fato de abrangerem em seu imenso âmbito todos os *Logoi*, ou Īshvaras, que governam os inúmeros sistemas solares espalhados através do espaço.

 Tão pouco tem sido revelado sobre esses Seres augustos e seu trabalho, nos fragmentos conhecidos da doutrina Oculta, que qualquer pequena informação sobre eles é, para nós, de valor inestimável, e deveria ser muito cuidadosamente estudada por todos os estudantes sinceros da Ciência Sagrada. Não se trata aqui de mero interesse acadêmico para o aspirante que almeja trilhar a Senda do Ocultismo prático ou que já começou a trilhá-la. É de vital importância e interesse para ele porque, mais cedo ou mais tarde, terá de entrar em contato com estes Grandes Seres, e se tornará seu humilde servidor no trabalho benfazejo que eles executam em favor da humanidade. Apesar de viverem desconhecidos e ignorados, são eles que garantem o nosso sucesso na busca da Verdade e na reobtenção da nossa Divina Herança perdida. Sem os sacrifícios tremendos desses Senhores de Sabedoria e Compaixão pela elevação da humanidade, onde estaríamos nós individualmente, assim como a humanidade em conjunto, neste vasto universo de terríveis incertezas e de ignorância das leis naturais que o governam?

Ao estudar o presente aforismo e os dois que se lhe seguem, seria útil lembrar que a observância de certos votos, a recitação de certos *mantras* e a dádiva de parte das nossas riquezas aos necessitados é um dever religioso para todos os hindus. Os três aforismos mencionados apenas salientam a maneira como esses deveres são cumpridos, quando algum desses Grandes Seres desce ao mundo como Instrutor religioso para mostrar ao homem comum a senda da liberação das misérias e ilusões dos mundos inferiores.

Esse tipo de vida foi vivida não apenas por instrutores da religião hindu, mas também por instrutores de todas as grandes religiões, como se infere claramente da história dessas religiões. Existem naturalmente pequenas diferenças devidas às diferentes circunstâncias sob as quais trabalharam, mas o amplo padrão de vida de praticamente todos os grandes Instrutores, que trabalharam no mundo externo para fundar uma religião ou promover a influência de uma religião em particular, é basicamente o mesmo. Naturalmente é muito pequeno o número destes Grandes Seres que vêm ao mundo, de tempos em tempos, para dar a mensagem espiritual se comparado ao número dos que constantemente trabalham, no lado interno, para ajudar o desenvolvimento espiritual dos indivíduos ou auxiliar a humanidade em conjunto, de outras maneiras, para nós desconhecidas.

O enigmático aforismo que estamos discutindo indica o voto específico que um indivíduo Liberado pode observar quando já ultrapassou o estágio humano e não tem mais necessidade de observar nenhum voto para fortalecer a vontade ou sobrepujar qualquer fraqueza em seu caráter. O significado desta frase aparentemente incompreensível – *sharīra vrttih* – que indica a natureza do seu voto ficará claro se nos lembrarmos que se tornam Liberados, ingressam, e se estabelecem permanentemente no mundo da Realidade. Em tal mundo sua consciência individual permanece constantemente unida com a Consciência Universal de Shiva e desse modo esta sempre consciente da sua natureza de *Sat-Cit-Ānanda*. Ela é, então, Autoequilibrada, Autossuficiente e Autodeterminada e não necessita de nenhuma experiência externa fora de si mesma para remover qualquer deficiência interna que esteja presente numa forma potencial.

Descemos aos mundos inferiores para obter experiências de variadas espécies, seja satisfazendo nossos desejos, seja desenvolvendo nossas faculdades e poderes latentes. A Liberação implica na ilimitada expansão de nossa consciência e, portanto, no atingimento daquele Conhecimento transcendental supremo, a que são inerentes todas as faculdades e poderes. Assim, os seres Liberados não necessitam mais vir aos mundos inferiores em busca de nenhuma experiência ou da satisfação de desejos de qualquer espécie. Não apenas isso, mas os que estão Libertos e estabelecidos no mundo da Realidade vivem em tão exaltado estado de ser que a melhor das vidas nos mundos inferiores nada mais é para eles que uma espécie de prisão dentro dos veículos, acompanhada por uma imensa limitação de seus poderes e faculdades inerente à vida encarnada.

Por que então descem eles aos mundos inferiores, e se submetem a tantos inconvenientes e tanto desconforto que a vida nestas condições implica? Simplesmente para ajudar os seus semelhantes que ainda estão presos aos sofrimentos e às ilusões de tais mundos, e neles estão confinados padecendo com suas misérias sem esperança de redenção. Estes Seres Liberados descem aos mundos inferiores não só para ensinar aos homens que eles verdadeiramente são Divinos em sua natureza essencial, mas também para mostrar-lhes a Senda, por cujo trilhar eles reobtêm a percepção de sua Divindade e tornam-se livres.

É por esse motivo puramente beneficente que eles vêm aos mundos inferiores e trabalham auxiliando os seus irmãos ainda confinados nestes mundos. Não têm necessidade, nem são obrigados a empreender este trabalho. Eles o fazem porque compreenderam a unidade básica de toda vida e sabem que aqueles que ainda estão vivendo em escravidão são parte integrante da Vida Una e devem ser ajudados de todos os modos possíveis. Essa é a razão que os leva a proferir o voto de permanecerem encarnados quando poderiam viver um vida de completa liberdade e bem-aventurança em união com a Vida Divina.

Deve ser levada em consideração a importância da expressão *sharīra-vrtti* para designar o voto feito pelos Grandes Seres. Ela indica que os corpos usados pelos Seres Liberados para o seu trabalho nos mundos inferiores não são corpos no mesmo sentido do que os dos mortais comuns. Havendo já compreendido que o mundo inteiro, com os seus objetos aparentemente sólidos e tangíveis, nada mas é que um jogo da mente no campo da consciência, eles sabem que os corpos dentro dos quais os homens vivem confinados são meramente *vrttis* em suas mentes, são fenômenos mentais, embora para as pessoas comuns pareçam sólidos e tangíveis, independentes de suas mentes. É por isso que eles não são afetados pelo que acontece aos seus corpos ou ao seu ambiente. Mesmo assim perdura o desconforto e a inconveniência de usar tão incômoda roupagem e trabalhar por meio dela. Eles podem, porém, despi-la e abandoná-la quando terminado o seu trabalho, passando a funcionar em seus corpos mais sutis, ou no reino puro da consciência.

É necessário lembrar e compreender que a encarnação de um indivíduo Liberado, com a finalidade de cumprir qualquer função no Plano Divino, é uma limitação autoimposta e que não lhe trará nenhuma vantagem individual. Trata-se de uma limitação autoimposta por um indivíduo realmente livre e tem, portanto, a característica de um ato voluntário como no caso de um *vrata* (voto) feito por um *sādhaka*. A diferença está no motivo. O *vrata* de um *sādhaka* (discípulo) é empreendido para fortalecer ou purificar sua própria natureza. O *vrata* de um indivíduo Liberado é feito somente para ajudar a outros ou desempenhar uma função no Plano Divino.

Kathā japah

III. 27 – "Neste caso, o discurso religioso que ele está constantemente pronunciando é uma espécie de *japa*, ou repetição da mensagem da divindade do homem aos seus semelhantes."

A repetição de certos *mantras* é a segunda prática religiosa diária observada por todos os hindus. Sua finalidade é imprimir determinadas ideias na mente do *sādhaka* e ajudá-lo a compreender as verdades espirituais contidas naquelas ideias. Que forma assume *japa* no caso de um indivíduo Autorrealizado, que já encontrou a Realidade e ultrapassou a necessidade de praticar *japa*? Ele recita diariamente as escrituras sagradas e expõe as verdades espirituais expressas nessas escrituras em benefício dos que se aproximam para ouvi-lo. Tais recitações nas reuniões de hindus são chamadas *kathā*, em sânscrito, e constituem uma prática religiosa comum que serve para conservar vivas entre as massas as verdades espirituais. Os que expõem as verdades não são *Mahātmās*, apenas pessoas instruídas, mas tais recitações cumprem a finalidade de familiarizar as pessoas comuns com os elevados ideais da vida espiritual e obter delas qualquer inspiração que lhes seja possível para sua vida diária.

Quando um indivíduo que compreendeu essas verdades da vida espiritual, e não simplesmente as entendeu intelectualmente, expõe as mesmas, o efeito produzido nos ouvintes é muito mais profundo por duas razões. A primeira é que por trás das palavras pronunciadas por tal indivíduo estão as vibrações dos seus veículos espirituais que tendem a provocar vibrações semelhantes nos veículos dos ouvintes. A segunda é que a vida que vivem tais indivíduos corporifica as verdades que expõem e servem assim de poderosa fonte de inspiração para os que entram em contato com eles. Aqueles que praticam o que pregam exercem uma influência muito maior nos seus ouvintes do que os que meramente comunicam altos ideais no plano intelectual. Este é o segredo da grande influência exercida por todos os santos, sábios e grandes instrutores religiosos do mundo sobre os seus seguidores.

Também se deve observar que aqueles que realizaram as verdades da vida espiritual e são verdadeiramente conscientes da unidade da vida não podem deixar de empregar todo o tempo de que dispõem para compartilhar com outros estas verdades e fazê-los compreender que também necessitam chegar a um conhecimento direto dessas verdades. Quando possuímos alguma coisa de valor sempre queremos reparti-la com aqueles que estão perto de nós e nos são caros. A Verdade descoberta por um indivíduo Autorrealizado é de tão vital importância para todos os seres humanos, e todos os seres humanos lhe são tão queridos em virtude da Vida Divina que ele vê neles, que não é de admirar que a maioria de todos os que tenham tido, mesmo apenas um vislumbre dessa Verdade, empreguem o resto de suas vidas procurando, com empenho e perseverança, comunicá-la a outros.

Dānam ātmajñānam

III. 28 – "A constante disseminação da Sabedoria Divina é a sua dádiva para aqueles que estão ao seu redor ou que entrem em contato com ele."

A doação do que possuímos e que falta aos outros é considerada como parte da vida religiosa. Esta dádiva consiste normalmente no que de melhor uma pessoa possa dar. Um homem rico, possuindo apenas a riqueza material, deve dar coisas de natureza física, um artista poderá dar criações de sua arte e um homem instruído o seu conhecimento intelectual. Mas, um *Yogue*, que atingiu o conhecimento supremo da Realidade, deve dar aos outros este conhecimento e a inspiração para buscar este conhecimento. E por isso que a vida dos santos e dos sábios é um esforço constante e sincero para atender às necessidades espirituais daqueles que os procuram em busca de conhecimento, inspiração e orientação.

Até onde o conhecimento espiritual pode ser transmitido de uma pessoa para outra é uma questão que deve ser cuidadosamente considerada. É verdade que o sentido grosseiro em que é usada atualmente a expressão sânscrita *ātmajñānam*, isto é, o conhecimento intelectual da natureza Divina do homem e a possibilidade dele tornar-se consciente desse fato, pode ser comunicado a outros, às vezes de maneira bastante eficaz e interessante. Porém, do ponto de vista espiritual, aquilo que é transmitido é geralmente apenas um conjunto de ideias tão estéreis para quem recebe como para quem dá.

À medida que um indivíduo avança em seu desenvolvimento espiritual torna-se capaz de dar algo mais vital para o crescimento dos que o procuram em busca de orientação — inspiração e ímpeto. Avançando um pouco mais, torna-se capaz de despertar *viveka* e *vairāgya* e o anseio de trilhar a senda que leva finalmente à Iluminação. Em resumo, em assuntos espirituais o indivíduo só é capaz de transmitir aquilo que realmente realizou e não simplesmente o que professa ou expõe.

Não se trata de estabelecer um exemplo de vida espiritual, pois a verdadeira vida espiritual é uma questão de percepção do Espírito e não há nenhuma forma externa específica de comportamento pela qual possa ser medida ou expressa. É um estado de consciência dentro do indivíduo que as outras pessoas não podem ver, embora seja possível aos que também desenvolveram, até certo ponto, a própria natureza espiritual, sentir e apreciar esta espiritualidade nas pessoas realmente espirituais com quem entram em contato.

O que realmente é doado por uma pessoa espiritual, consciente da Realidade presente em seu interior, é invisível, intangível, imensurável, mas, ainda assim, extremamente poderoso. Ele é capaz de despertar, dentro daqueles que possuem a necessária potencialidade, os profundos anseios e os poderes que jazem adormecidos em todos nós e são necessários para trilhar a senda da Iluminação, com perseverança e determinação. Pode demorar muito tempo a aparecer o resultado desse ímpeto, comunicado de maneira invisível. De fato, quanto mais profundo é o ímpeto dado pela pessoa espiritualizada num estágio avançado do desenvolvimento, mais o efeito demora a aparecer na vida do receptor. Mas as mudanças que têm lugar são profundamente arraigadas, sendo irresistíveis e de longo alcance.

No caso de um indivíduo Autorrealizado não são apenas o impulso e o ímpeto espirituais que podem ser comunicados a um aspirante qualificado. Um tal *Mahātmā* também pode comunicar o conhecimento direto das realidades internas da vida espiritual pela elevação temporária da consciência do receptor por meio da manipulação adequada das forças e correntes espirituais que fluem normalmente ao longo dos *nādis* presentes no corpo de todos os seres humanos. Isso é o que realmente acontece em todas as verdadeiras iniciações. Porém, naturalmente, o indivíduo que possua tal conhecimento e autoridade somente os usará quando receber inspiração do alto como um agente da Vida Divina, estando o receptor qualificado e pronto para uma tal expansão de consciência. Não pode haver favoritismo na comunicação de tal conhecimento a outros.

Yo 'vipastho jñāhetus ca

III. 29 – "Ele confere o conhecimento direto e proteção àqueles que estão qualificados e são iniciados por ele."

Quando estudamos o último aforismo foi observado que é de duas classes o conhecimento espiritual passível de ser comunicado a outros por um instrutor adequadamente qualificado. Uma é constituída pelo conhecimento teórico concernente às realidades da vida espiritual, que consiste em ideias comunicáveis por meio da linguagem. A outra classe é representada pelo conhecimento direto das realidades internas da vida espiritual, que não pode ser comunicado adequadamente por meio da linguagem, mas apenas por um *guru* devidamente qualificado, ao seu discípulo, através de experiências diretas produzidas por meios ocultos que são um segredo estritamente guardado do Ocultismo prático.

O aforismo anterior se refere à primeira classe de conhecimento que é amplamente divulgado para o povo, por todos os instrutores espirituais, a fim de elevar o nível moral das pessoas e ajudar os aspirantes nos primeiros estágios do seu progresso espiritual. Tal conhecimento é comunicado através de discursos públicos, livros e outros meios externos disponíveis para este propósito.

A segunda classe de conhecimento é comunicada particularmente a indivíduos que são reais buscadores da Verdade e possuam as qualificações necessárias para o bom aproveitamento do conhecimento assim obtido. Nisso está implícito que o indivíduo que comunica este conhecimento aos discípulos devidamente qualificados vivenciou ele próprio a verdade que compartilha, e está familiarizado com a técnica usada nesse mister. A palavra sânscrita *jñā* aqui não significa conhecimento comum, que pode ser comunicado oralmente por meio da linguagem, mas conhecimento real comunicado diretamente através da iniciação quando tem lugar a descida do Poder Divino, ou *shaktipāta*, ativando os centros psíquicos nos corpos do receptor e protegendo-o de qualquer mal proveniente do possível uso incorreto do poder.

Ao contrário do conhecimento teórico comum sobre questões espirituais, o verdadeiro conhecimento espiritual baseado na experiência direta não pode ser comunicado a todos ou a qualquer um. Duas são as condições requeridas: (1) Aqueles que estão buscando este conhecimento devem ter um intenso e verdadeiro desejo por tal conhecimento e não simplesmente um vago anseio provocado pela vaga esperança de que o conhecimento lhes faça algum bem e os ajude na vida espiritual; (2) Os aspirantes possuam as qualificações necessárias para poder aproveitar este conhecimento para o seu progresso espiritual. A menos que a necessária base moral e intelectual já tenha sido adequadamente preparada, comunicar as verdades da vida espiritual é como lançar sementes em solo estéril, que ainda não foi devidamente amanhado.

Sva-shakti-pracaya vishvam

III. 30 – "Ele se torna capaz de criar um sistema manifestado pelo Poder do Eu Supremo, com o qual passa a ser dotado."

No estudo dos *Shiva-Sūtras*, a terminologia usada para designar algumas realidades da vida interna, ou expressar determinadas ideias profundas, deveria ser claramente entendida e cuidadosamente observada de modo a que o estudante possa fazer a correlação entre essas ideias e as mesmas ideias em diferentes escolas de Ocultismo. As ideias e os conceitos a serem comunicados são basicamente os mesmos de outros sistemas de *Yoga* ou de filosofia, mas as palavras usadas e o modo de expressá-las são tão variados que, a menos que o estudante tenha uma visão clara dos princípios fundamentais que alicerçam as doutrinas de todas as genuínas escolas de Ocultismo, ele pode ficar confuso ou ter uma impressão inteiramente errônea do que se busca comunicar sob a forma extremamente sucinta dos aforismos deste tratado.

Outro fato que deve ser levado em consideração é que a interpretação de qualquer aforismo deve estar, tanto quanto possível, em harmonia com os princípios gerais da Doutrina Oculta e da tradição oculta.

Os filósofos e cientistas, qualquer que sejam suas realizações intelectuais, são seres humanos e geralmente sofrem das fraquezas comuns aos seres humanos. É muito frequente nos meios altamente intelectuais a tendência a distorcer as descobertas científicas e os fatos novos, para adaptá-los a teorias prediletas a fim de reforçá-las e talvez ninguém possa mesmo livrar-se dessa tendência até que se tenha elevado ao mundo da Realidade, acima do reino da mente. O aspirante que tem esperança de um dia penetrar no mundo da Realidade, e pretende preparar-se para esse altíssimo privilégio deve procurar eliminar essa tendência da sua natureza e aprender a ver as coisas tais como são e não através das densas nuvens do preconceito ou do fascínio das atrações mundanas.

Este alerta é particularmente necessário para o aspirante, ou *sādhaka*, que tem de dirigir o barco da sua existência através de toda a espécie de perigos nos mares não mapeados da existência, apoiando-se no seu próprio julgamento e na sua percepção intuitiva como guias para o visado porto da Iluminação. Ser capaz de perceber a verdade entre os diferentes, e às vezes até mesmo conflitantes, postulados das várias escolas de filosofia e os ensinamentos das religiões será o primeiro teste com que ele se defrontará para saber se já tem acesa a sua própria lâmpada interna da percepção intuitiva, a única luz capaz de iluminar a sua Senda.

O aforismo em discussão pode ser usado para ilustrar o que foi dito nos dois parágrafos acima.

Tomemos a palavra sânscrita *sva* que geralmente significa "eu" ou "pertencente a si mesmo", mas que tem neste aforismo um sentido especial. Aqui é usada referindo-se à Suprema Realidade que é a raiz da Consciência-Poder, comumente referida na filosofia hindu como o *Shiva-Shakti Tattva*. Também é usada para aquela Realidade comumente chamada de Eu – com letra maiúscula – significando o Espírito Supremo da literatura oriental. As muitas palavras compostas usadas na literatura Ocultista contendo esta palavra *sva*, como *sva-samvit*, *sva-pratyaya*, *sva-mātrā*, referem-se todas a esta Realidade Suprema que é a fonte e a base invisível tanto do manifesto como do imanifesto. Esta Realidade é o objetivo supremo da busca no *Yoga* superior, cujo conhecimento confere ao buscador a Libertação das ilusões e dos sofrimentos da vida humana e põe os seus pés naquela desconhecida e incompreensível Senda de desenvolvimento que o habilita finalmente a funcionar como o Logos de um sistema solar.

Este aforismo é às vezes interpretado de maneira vaga pelos que não estão familiarizados com a verdadeira Doutrina Oculta, no sentido de estar o *Yogue* estabelecido no mundo da Realidade, e tendo adquirido o *Shiva-tulyatā*, poder criar um universo pelo Poder Divino que adquiriu como resultado da unificação da sua consciência com a Consciência Universal mencionada como Shiva nos *Shiva-Sūtras*. Considerando o grande número de Seres Liberados em existência no universo, se todos exercessem este Poder de criar haveria universos incontáveis existindo lado a lado, constituindo assim um caos em vez de um Cosmos. Isso é, obviamente, uma interpretação absurda considerando que, de acordo com a Doutrina Oculta, somente existe um Logos Cósmico, ou *Vishveshvara*, governando o Cosmos inteiro, incluindo os Logoi Solares que são as Deidades que presidem os inumeráveis sistemas solares que funcionam dentro da sua Consciência e sob a sua direção.

O que o aforismo em estudo pretende realmente indicar é que o universo presente que está seguindo o seu curso, na alternância eterna de *Srsti* e *Pralaya*, resulta do Poder do Eu Supremo e que a expressão deste Eu Supremo é chamada de Shiva nos *Shiva-Sūtras*.

Como já foi dito em outros contextos, o mundo da Realidade é um Estado integrado no qual não existem distinções, nem linhas de demarcação, entre a consciência dos Seres liberados e a Suprema Consciência de Shiva. Assim, a criação do universo manifestado pode ser considerada como sendo devida ao Poder de Shiva, ou o Poder de qualquer Ser Liberado que compartilha da Sua Suprema Consciência.

Sthiti-layau

III. 31– "Pela mesma razão ele tem a capacidade de manter e de causar a dissolucao do sistema manifestado."

De acordo com a Doutrina Oculta o universo manifestado não apenas é proveniente da Realidade não manifestada, mas também permanece naquela Realidade quando em estado de manifestação. O estado manifesto do universo não é uma coisa à parte ou fora do imanifesto, mas pode ser considerado como somente um aspecto da Realidade que é Una, Completa e Perfeita, e é a base de ambos os estados. Da mesma maneira, quando ocorre o *pralaya*, o manifesto não desaparece, mas se funde no imanifesto numa condição para nós misteriosa, permanecendo nesta condição até que, ao final do período de *pralaya*, um universo manifestado novamente brote do não manifestado. Os dois estados e os três processos – criação, manutenção e destruição – não são independentes uns dos outros, mas são transformações e transposições da mesma Realidade. Podem ser considerados como simples aspectos diferentes da mesma Realidade, da qual o indivíduo Liberado se torna consciente ao entrar no mundo da Realidade. É esta visão sintética e a percepção da Realidade Una que liberta o indivíduo das ilusões e limitações do *samsāra* a que se refere o *Pratyabhijñā Hridayam* nos aforismos VI, IX e XII. É também essa percepção da Realidade Una que habilita o Autorrealizado *Adhikāri-Purnsha* a permanecer desapegado e, naturalmente, não afetado com o que possa acontecer no universo manifestado, ou na atividade específica na qual ele está envolvido para o cumprimento do Plano Divino.

Esta questão deve ser entendida claramente. Se de fato percebemos o universo inteiro, em todos os seus aspectos e níveis, como simples diferentes transposições e transformações da Realidade Única (*Sva-samvit*) produzidas pelo Poder Divino (*Sva-shakti*), então é irrelevante a questão de ser apegado a uma ou outra porção ou uma expressão daquela Realidade. Por isso, somente quando existe *bheda-bhāva*, ou a percepção de distinção entre uma parte e outra, é que pode haver preferência de uma em relação à outra, o que é um outro nome para apego ou *moha*. Quando vemos tudo o que acontece como uma transformação da Realidade Única, onde está a possibilidade de apego a um aspecto ou porção em preferência a outro? Assim, a libertação de *bheda-bhāva* e *moha* é inerente à própria natureza da percepção da Realidade Una.

Se essa libertação de *bheda-bhāva* leva à percepção da Realidade Una, ou vice-versa, é uma questão redundante. Porque quando estamos lidando com dois aspectos da mesma Realidade e esses aspectos devem coexistir, é inútil perguntar qual é o que vem primeiro. Os dois devem surgir simultaneamente no campo da consciência. O atingimento deste estado de consciência é produzido de diversas maneiras, ou seguindo diferentes métodos, como mostra claramente o estudo dos *Shiva-Sūtra* e dos *Yoga-Sūtras*.

Será constatado que os aforismos III. 30 e III. 31 estão relacionados. Ambos se referem ao aspecto tríplice de um Logos, que é representado por Brahmā, Vishnu e Rudra. Enquanto que os aforismos III. 26, III. 27 e III. 28 se referem aos três aspectos da vida externa de um Adhikāri Purusha Autorrealizado quando desce voluntariamente aos mundos inferiores para ajudar aos seus irmãos, os aforismos III. 29, III. 30 e III. 31 enumeram os imensos poderes que ele pode exercer quando necessário. Estes são realmente os poderes

Divinos inerentes à Consciência Divina, ou ao estado de Shiva, mas como a consciência do Adhikāri Purusha se acha agora em perfeita união com aquele estado, ele possui o privilégio de usar tais poderes sempre que a execução do Plano Divino assim o requer. Ele usa-os, porém, como agente consciente daquela Realidade Suprema, e não como um indivíduo independente, por mais elevado que seja o seu progresso espiritual.

Tat-pravrittāvapyanirāsah samvetr-bhāvāt

III. 32 – "Embora o indivíduo Autorrealizado esteja desempenhando as atividades mencionadas nos aforismos anteriores, ele permanece totalmente desapegado das mesmas, porque a sua consciência está estabelecida no mundo da Realidade."

O aforismo III. 25 refere-se ao estabelecimento permanente e irreversível da consciência de um *Yogue* Autorrealizado no mundo da Realidade. Tal fato enseja novos campos de realizações no reino do puro Espírito do qual dificilmente poderemos ter qualquer compreensão e sobre o qual muito pouco é revelado na literatura Oculta. Os *Shiva-Sūtras* são dos pouquíssimos tratados que esclarecem o desenvolvimento pós-humano da consciência e sobre a atuação de um *Mahātmā* Liberado quando este desce aos mundos inferiores para tomar parte no trabalho do Plano Divino como um Adhikāri Purusha. Um tal indivíduo ocupa diferentes postos de crescente responsabilidade e poder no Plano Divino, chegando, finalmente, a assumir a Divina função de um Logos Solar, ou Īshvara.

Considerando os inumeráveis sistemas solares existentes no universo e os grupos de sistemas solares que são as galáxias, podemos imaginar a imensa e esplêndida parte que desempenha no Plano Divino a inconcebível expansão de consciência pós-humana. A natureza ilimitada do universo, conforme descoberta da Ciência, nada tem de surpreendente se considerarmos o número incontável de Mônadas que evoluem nele, em condições de infinita variedade. Toda a Mônada que se tornou envolvida na manifestação alcançará a liberação e desempenhará a sua parte individual e única no Plano Divino em funções de crescente esplendor, responsabilidade e poder. É este fato, parte integrante da Doutrina Oculta, que confere tremendo significado e propósito à existência do universo e faz dele uma expressão maravilhosa da Vida Divina, mesmo em seu aspecto fenomênico. Em vista dessa esplêndida concepção, que é baseada na experiência dos Adeptos do Ocultismo, a concepção materialista oferecida pela Ciência moderna parece sem significação e sem finalidade. Mas a concepção Oculta é tão profunda e tão complicada em seu aspecto estrutural, que não podemos esperar da doutrina Oculta um esquema claro e bem definido do Cosmos. Ideias vagas e frágeis, vislumbres de uma admirável realidade além da compreensão humana é tudo o que podemos ter esperança de conseguir no presente estágio de nossa evolução.

    Os aforismos dos *Shiva-Sūtra* que se seguem ao III. 25 pretendem mostrar a espécie de vida que é vivida por um *Mahātmā* liberado quando desce ao mundo físico para dar sua mensagem espiritual. Também indicam seu estado de consciência como um Adhikāri Purusha que o leva a agir como tal e, com o âmago de sua consciência focalizado no mundo da Realidade, a mover-se entre as pessoas comuns com a missão de elevá-las. Todos estes aforismos são, portanto, de importância vital para todos os aspirantes e discípulos que estão trilhando a senda do Ocultismo prático, ou preparando-se para entrar nela. É praticamente a mesma a natureza da autodisciplina seguida nos estágios inferiores ou mais elevados da Senda. Nos estágios iniciais procuramos fazer imperfeitamente aquilo que deverá ser feito com toda a perfeição quando nos encontrarmos mais próximos desta meta. Não somente isso, mas também o que um discípulo tem de fazer enquanto está palmilhando a Senda deve ser um reflexo, embora tênue, da vida e atitude de um indivíduo Liberado. A atitude de profundo desapego em relação à atividade na qual se acha empenhado, a ausência de qualquer motivo egoísta no auxílio a outras pessoas, não permitindo que os níveis profundos de sua consciência sejam afetados pelo que está acontecendo no mundo fenomênico ao seu redor, são algumas das características de um *Mahātmā* que um aspirante deve procurar desenvolver desde o começo, tão logo entre na Senda.

Naturalmente ele não pode ter a visão da Realidade, a compreensão da unidade da vida, estar liberto de todas as espécies de ilusões, como naturalmente acontece com um *Mahātmā*, o que lhe permite viver e agir como o faz sem fazer qualquer esforço. Mas o aspirante pode envidar esforços constantes nesta direção e desenvolver as qualidades que o habilitarão a trilhar a senda da Iluminação, firme e seriamente, e um dia ele tornar-se-á um *Mahātmā*. Pois todo ser humano traz a potencialidade Divina oculta no próprio coração e tudo o que tem a fazer é tornar ativa esta potencialidade pela autodisciplina e esforço intenso para o desenvolvimento dos níveis mais profundos da nossa própria consciência.

De acordo com a doutrina Oculta muitos dos indivíduos que alcançaram à Autorrealização vêm aos mundos inferiores para colaborar no trabalho do Plano Divino e têm de desempenhar vários papéis no drama que está sendo encenado no imenso palco do universo.

Aqueles que alcançaram os mais altos estágios no desenvolvimento das próprias consciências tornam-se os Logoi ou Īshvaras de sistemas solares.

Como isto significa voltar sua atenção para fora, desde o Centro de suas consciências, onde está presente a Realidade Suprema em sua pureza e totalidade, pode-se perguntar se eles não perdem a consciência desta Realidade e da divindade essencial de sua natureza. O aforismo em estudo elimina qualquer dúvida sobre esta questão. Até mesmo quando ocupado com as atividades mais absorventes do mundo permanece ininterrupta a percepção da Realidade presente neles e da natureza fenomênica do mundo ao seu redor. Eles têm um aspecto de sua consciência voltado para dentro, para a Realidade oculta no centro daquela consciência, e outro voltado para fora e empenhado nas atividades externas do mundo. O trabalho externo pode ser considerado como a atividade das suas mentes derivadas de suas consciências e funcionando na sua periferia. Na verdade, não existe interior ou exterior nessas questões, pois tudo tem lugar dentro da esfera da Consciência Suprema, e alguém que seja consciente da Realidade Una vê até mesmo a atividade externa como expressão da mesma Realidade.

O *damaru*, ou tambor, usado no simbolismo de Mahesha não somente simboliza a natureza ininterrupta do Processo Mundial como também a coexistência dos dois estados, um voltado para dentro e outro para fora, numa condição de ressonância. A alternação das atitudes – para dentro e para fora – da consciência de Mahesha não somente o habilita a reunir e manter contato entre o interno e o externo, ou entre o manifesto e o imanifesto, mas também a fazer descer a Energia necessária ao funcionamento da maquinaria do universo manifesto, e proveniente de sua fonte infinita no imanifesto.

Daí também resulta o rompimento da Duração, ou do princípio do Tempo em "momentos" ou *ksanas*, o que torna possível todas as mudanças no sempre mutável universo. Quando a consciência de Mahesha se volta para fora o universo vem à existência. Quando ela está voltada para o seu Centro de Consciência e concentrada naquele Centro, em sua natureza Verdadeira e transcendental, o universo desaparece momentaneamente e tem lugar uma espécie de *pralaya*. Não se trata de um *pralaya* no sentido em que esta palavra sânscrita é geralmente usada, mas um aspecto do instantâneo aparecimento e desaparecimento do universo chamado *unmesa* e *nimesa* na filosofia hindu.

No presente contexto, porém, a mencionada separação da consciência do mundo da Realidade é de um tipo diferente e dura por períodos mais longos, mas o reestabelecimento do contato com a Realidade pode ser produzido sempre que desejado por meio de *prānāyāma*, etc., como dizem os aforismos III. 45 e III. 46.

Sukhāsukhayor bahir-mananam

III. 33 – "As experiências de prazer e dor na vida de um *Yogue* Autorrealizado que atua como um Adhikāri Purusha estão confinadas à periferia de sua consciência e não afetam os seus níveis internos, assim como as ondas na superfície de um oceano não afetam seus níveis mais profundos."

No indivíduo comum a consciência, que é essencialmente um estado integrado, está dividida para todos os fins práticos em compartimentos estanques pelos veículos que funcionam em planos diferentes, em cada um deles produzindo estados diferentes da mente. Assim, uma experiência no plano físico é vista e sentida por ele como isolada dos níveis profundos da consciência, que permanece inafetada dentro dele. É por isso que ele se deixa perturbar por qualquer experiência, agradável ou dolorosa, nos planos inferiores. Mas, no caso de um indivíduo Autorrealizado, cuja consciência se tornou integral e abrange todos os níveis da mente, as experiências nos planos inferiores são sentidas como parte da consciência integral e, embora produzam as correspondentes sensações, sentimentos, etc., estes permanecem somente na parte mais externa da consciência, sem perturbar os níveis mais profundos. Assim, mesmo passando por experiências, ele permanece impassível, pois o centro de sua consciência está estabelecido no nível mais profundo – no mundo da Realidade – em sua verdadeira natureza de *Sat-Cit-Ānanda*.

Um exemplo da vida comum tornará claro esse ponto. Um homem que seja um nadador comum, se apanhado num mar revolto, só verá perturbação em todas as partes. Mas um bom mergulhador poderá alcançar águas mais profundas do mar e estar num ambiente perfeitamente tranquilo apesar da tempestade reinante na superfície. Mesmo quando ele vem à superfície e vê e sente a perturbação externa, não se perturbará mentalmente, porque já experimentou e sabe que há uma região perfeitamente tranquila lá embaixo para onde ele pode retirar-se sempre que o queira. Ele está de fato consciente do mar como um todo e embora as tempestades na superfície possam afetá-lo fisicamente, mentalmente não o atingem.

De modo similar podemos imaginar o mundo manifestado existindo com todas as suas turbulências dentro da consciência do Logos, que existe dentro dele, mas também está acima dele. *Viveka* e *vairāgya*, embora não deem uma experiência direta ou *pratyaksa* da consciência integral, oferecem uma percepção intuitiva daquele estado e por isso aqueles em quem *viveka* e *vairāgya* são altamente desenvolvidos podem permanecer impassíveis internamente apesar do que lhes acontece no mundo externo. Para permanecer, porém, completamente inafetado e imperturbável é necessária a experiência direta do estado integral da consciência.

Este fato pretende ser exemplificado pelas narrativas alegóricas atribuídas às encarnações divinas como as de Rāma e Krishna, nas escrituras hindus. Eles são apresentados apreciando ou não as diferentes experiências, sentindo alegria ou pesar como as pessoas comuns, mas todos os hindus sabem que se trata de experiências externas ilusórias. Sua consciência está estabelecida internamente no mundo da Realidade e todas estas atividades mentais e emocionais se passam na faixa exterior de sua Consciência e não os afetam interiormente de forma alguma. Esse importante aspecto dual da consciência espiritual aparece em muitas histórias na vida de Krishna, no *Bhāgavata*. Em uma delas Krishna é convidado pelas Gopīs para um suntuoso banquete do outro lado do rio Yamunā. Após haver jantado, Krishna veio à margem do Yamunā, voltando a casa, do outro lado do rio. Então disse a Yamunā: "Se eu não comi nada, deixe-me passar para o outro lado". Imediatamente as águas do rio se separaram e Krishna caminhou para a outra margem entre dois altos muros de água. Quando as Gopīs lhe perguntaram como podia dizer que nada havia comido ao acabar de jantar, Krishna respondeu: "Não fui 'Eu' quem comeu no jantar, mas o meu corpo".

Este aforismo e alguns que se lhe seguem tratam das atividades mentais, emocionais e físicas de um *Mahātmā* e visam a remover dúvidas que poderiam ocorrer em relação à vida de um *Jīvanmukta* ou mesmo a de um *Avatāra*. Embora a consciência de um *Jīvanmukta* esteja centrada no mundo da Realidade, e ele possua Autopercepção, seu comportamento externo é muito semelhante ao do homem comum, conforme é narrado nas histórias sobre Rāma, Krishna e também sobre santos e sábios. Os Adhikāri Purushas também podem, de certo modo, ser considerados como *Avatāras*, pois também eles abandonam seu lar natural e permanente no mundo da Realidade descendo aos mundos inferiores a fim de desempenharem suas tarefas no Plano Divino. O que acaba de ser dito explica esta aparente contradição entre seu estado mais interno de consciência que permanece tranquilo e inafetado e sua vida externa que é às vezes cheia de atividades incessantes.

Este aforismo deveria prevenir o aspirante e o discípulo da possibilidade de confundir almas altamente evoluídas com pessoas comuns porque sua vida é tão simples, sem pretenção e comum, em diversas maneiras, e contudo são fundamental e misteriosamente diferentes das pessoas comuns. O estudante deveria também prevenir-se do hábito de considerar como expressões de vida espiritual a exibição da parafernália externa da vida religiosa, tais como vestimentas coloridas, rituais, discursos religiosos e comportamentos exóticos. É necessário possuir agudo discernimento espiritual, ou *viveka*, para distinguir um *Mahātmā* verdadeiro de um simples instrutor religioso que pode impressionar as pessoas comuns pela sua erudição e a parafernália externa da vida religiosa . Somente quem possua tal discernimento e leve uma vida verdadeiramente espiritual pode facilmente entrar em contato com um *Mahātmā*. Aqueles a quem faltam estas qualidades geralmente vivem de um *āshrama* para outro acabando por desiludirem-se ou ligarem-se a algum espertalhão, desses que fundam *āshramas* a fim de satisfazerem objetivos egoístas, ou mesmo apenas por vaidade.

Tad-vimuktas tu kevalī

III. 34 – "O *Yogue* cuja consciência tornou-se completamente liberta da influência do prazer e da dor é chamado um *kevalī*. Somente alguém assim dotado pode trabalhar sem quaisquer considerações pessoais e consequentemente servir como um instrumento eficiente à Vida Divina."

No último aforismo foi mostrado que existe uma espécie de dualidade na vida de um indivíduo Liberado. Existe a consciência da periferia onde pode haver mudança, atividade e imagens mentais de variedade infinita, e a consciência no Centro, que é imutável e integrada. A compreensão correta desse estado dual de consciência nos permitirá entender e admirar a vida e o comportamento de tais *Jīvanmuktas* os quais, por vezes, parecem paradoxais e anômalos. Dessa maneira poderemos entender também como a vida do Espírito no imanifesto pode coexistir em perfeita harmonia com a vida da individualidade no manifesto.

Muitos estudantes têm uma ideia estranha do estado de consciência de um indivíduo Liberado e pensam que ele vive num mundo estranho, sem relação harmoniosa com o mundo que nos é familiar. Isso não é verdade, como nos mostram as vidas dos grandes Adeptos do ocultismo. A dualidade de consciência referida acima é a explicação desse mistério.

Para compreender adequadamente este assunto, devemos recordar que a mente é um derivado da consciência, como foi tão claramente explanado no aforismo *Ātma-cittam* (III. 1), e que as duas existem lado a lado ou, mais exatamente, todos os estados mentais existem dentro do campo da consciência. O mundo do irreal é o mundo da mente e existe dentro do reino da mente. O mundo do Real é um mundo de consciência o qual, sendo um estado integrado, é a fonte e o campo de todos os fenômenos mentais. Assim, um indivíduo cuja consciência esteja centrada no mundo do Real é consciente não só desse mundo, mas também, e simultaneamente, do mundo da mente, e vê este último como uma expressão da consciência. É nesse sentido que deve ser entendida a ideia da mente, do desejo, etc., funcionando na periferia da consciência. Na realidade não existem fora e dentro. O que se diz estar fora, na periferia, está no reino da mente. O que está dentro está no reino da consciência. E o que está presente no reino da mente não é algo separado da consciência ou diferente dela. É uma aparência na consciência baseada na vibração ou movimento como foi dito no aforismo *cittam mantrah* (II. 1).

Um indivíduo que tenha atingido esta percepção do fato de que a mente é apenas uma forma diferenciada da consciência e tenha assim elevado-se acima das influências do prazer e da dor, da alegria e do pesar e outros pares de opostos, é chamado um *kevalī*, porque se isolou do mundo do irreal e não é afetado pelo que nele acontece, embora possa viver nele e tomar parte em suas atividades. Uma pessoa comum fica envolvida nos reinos inferiores porque se deixa influenciar pelo que se passa naquele mundo e o afeta pessoalmente. Um *kevalī* elevou-se acima de todas essas influências e, embora viva e trabalhe no mundo, sua consciência não é envolvida por ele, o que significa que considerações pessoais não o afetam.

Moha-pratisamhatas tu karmātmā

III. 35 – "Somente um *Yogue* que tenha completamente se elevado acima da influência de *moha* está qualificado para servir como um Adhikāri Purusha, isto é, como alguém que pode ocupar um cargo de responsabilidade na Hierarquia Oculta que constitui o governo interno do mundo."

Os estudantes da doutrina Oculta saberão que aqueles que se tornam Libertos das ilusões e limitações da vida humana tornam-se não apenas livres e dotados de atributos Divinos, mas também plenamente qualificados para agir como Adhikāri Purushas no Plano Divino. O universo, de acordo com a doutrina Oculta, é um teatro para a evolução da vida e, portanto, serve como campo de treinamento para as almas em seus estágios iniciais, mas também requer que exista para guiá-las uma hierarquia de almas mais avançadas, que também supervisionam o Processo Mundial em suas diferentes esferas e estágios. Em cada sistema onde se está processando uma evolução existe uma hierarquia, invisível e ignorada, dirigindo o processo evolucionário. Tal hierarquia é diferente das hierarquias de anjos e de outros seres não humanos, pois é formada por seres humanos que já ultrapassaram os estágios inferiores da sua evolução e, havendo superado as ilusões e limitações da vida comum, atingiram a Liberação que também é chamada *Kaivalya* ou *Jīvanmukti*. Os grandes seres que atingiram a Perfeição e a Liberação são os únicos que podem servir efetivamente como Adhikāri Purushas. A maquinaria de um sistema manifestado é tão complexa que requer uma variedade imensa de trabalhadores em diversos setores. Dentre estes, somente alguns levam uma vida ativa no cumprimento do Plano Divino e são estes que são chamados *karmātmā* no aforismo em estudo. Esta expressão é portanto usada para distingui-los das outras classes de seres humanos Liberados que desempenham outras funções no Plano Divino, mas que não levam uma vida de ativa participação como Adhikāri

Purushas. Sabemos muito pouco sobre o trabalho das outras classes de seres perfeitos envolvidos no desenvolvimento do Plano Divino, mas as escrituras hindus dão um pouco mais de informações sobre aqueles que tomam parte ativa neste trabalho como *Manus*, etc. São estes Adhikāri Purushas que têm funções de responsabilidade definida e são chamados *karmātmā* no presente aforismo.

Os aforismos desta Seção procuram esclarecer a vida e a natureza desses grandes seres e os atributos Divinos que fazem deles Adhikāri Purushas. Tais atributos estão presentes com perfeição naqueles que atingiram a Liberação, e constituem também as qualificações necessárias para se obter a Liberação.

Os atributos mencionados nestes aforismos são ainda a qualidade essencial que um aspirante que está trilhando o caminho do discipulado deve desenvolver gradualmente, porque somente quando as desenvolveu em grau adequado é que pode chegar à Liberação. Muitos estudantes de Ocultismo têm uma noção bastante vaga e uma apreciação insuficiente da necessidade desses atributos e do intenso e perseverante esforço necessário ao seu desenvolvimento. Eles pensam geralmente que apenas o seu trabalho de rotina, feito com mais eficiência e maior compenetração, os fará gradualmente adquirir a capacidade para este trabalho muito mais elevado de Adhikāri Purushas ou agentes conscientes da Vida Divina.

No entanto, atuar como Adhikāri Purushas requer treinamento, capacidades e qualificações de uma natureza inteiramente diferente, e alguns dos aforismos nos dão uma ideia da diferença fundamental entre este tipo de treinamento e o treinamento e a experiência exigidos para o desempenho das responsabilidades dos mais altos cargos no mundo externo. Trata-se, na verdade, de um treinamento não apenas para o desempenho de um cargo difícil que requer calibre mental, pensamento claro, conhecimento minucioso e entusiasmo, mas também de um treinamento que purifica e harmoniza ao máximo a nossa natureza, trazendo-a sob o completo controle do espírito. Quando a Autorrealização tem lugar e o Espírito individual se funde no Espírito Universal, o controle do instrumento complexo, eficiente e puro, por nós construído no mundo manifestado, passa ao Espírito Universal e pode então ser usado como um instrumento consciente da Vontade Divina, no trabalho do Plano Divino. Aqueles que estão trilhando a senda do Ocultismo prático como discípulos devem, portanto, saber que tudo o que eles estão adquirindo no campo de ação mental, moral e espiritual pertence, em última análise, ao Espírito Universal porque, quando a Autorrealização tem lugar, o Espírito individual cessa praticamente de existir, tornando-se um instrumento e agente consciente do Espírito Universal.

Infelizmente esse aspecto do treinamento dos discípulos não é suficientemente conhecido e enfatizado, seja nas escolas de misticismo e ocultismo, seja na autodisciplina adotada mesmo pelos mais esforçados e sinceros seguidores das várias religiões, em seu treinamento para a adoção de uma vida espiritual. A Liberação é geralmente considerada como um fim em si mesma e não como um meio para atingir um grande fim. Tal fato se faz notar particularmente no campo do pensamento religioso hindu, onde a ideia de uma Liberação permanente e irreversível chamada *Jīvanmukti* é bem conhecida, claramente definida e procurada com empenho. É a ignorância deste aspecto da Liberação, no pensamento hindu, que é responsável pela presunção superficial de que o *Ātmā* individual, ao alcançar a Liberação, funde-se ao *Paramātmā* e desaparece para sempre. Se "a gota de orvalho tem de cair finalmente no mar brilhante" e perder-se para sempre, ninguém pergunta qual o significado e a finalidade de todo este sofrimento e dificuldades por que passa o indivíduo em sua evolução pelos mundos inferiores antes de se tornar Liberado.

Bhedatiraskāre sargāntara-karmatvam

III. 36 – "Elevando-se acima do reino da mente, onde todas as coisas são vistas como separadas, para o reino da Realidade Una, onde as coisas são vistas como diferentes expressões desta Realidade, adquire-se a capacidade de funcionar com igual facilidade em todas as esferas, reinos da Natureza e os sistemas solares em manifestação."

No aforismo anterior foi dito que a libertação de *moha* é uma qualificação necessária para tornar-se um Adhikāri Purusha. A palavra sânscrita *moha* é usada amplamente em várias escolas de filosofia oriental com diferentes nuanças de significado e por isso o seu verdadeiro sentido não é claramente definido nem adequadamente compreendido. O melhor método para definir a natureza de *moha* talvez seja considerá-la como o efeito enganador produzido na mente humana pelo poder da Ilusão, ou *Māyā*, que mantém as Mônadas envolvidas na manifestação para sua evolução e treinamento para atuarem como Adhikāri Purushas. Tal efeito possui muitos aspectos, todos dentro das inúmeras conotações desta palavra e também em consonância com a concepção geral de *moha* como a ilusão da mente que causa o apego aos interesses e objetos mundanos.

O aforismo em estudo põe em relevo outra qualificação de grande importância que todo Adhikāri Purusha possui e que o habilita a desempenhar as responsabilidades de cargos ainda mais amplos no Plano Divino. Esta qualificação é aqui chamada *bheda-*

tiraskāra. *Bheda-bhāva* é ver as infinitas expressões da Vida Divina no universo como distintas umas das outras e *bheda-tiraskāra*, portanto, é estar completamente livre dessa tendência que, do ponto de vista mais elevado, impõe uma tremenda limitação na consciência. Como repetidamente já foi dito, de acordo com a Doutrina Oculta existe apenas uma Realidade Una que está encontrando uma infinita variedade de expressões em inumeráveis manifestações por todo o universo. Enquanto percebermos essas expressões como diferentes, realmente não as estaremos vendo como expressões da Realidade Una. Isto significa que não estamos cônscios da Realidade Una em sua natureza essencial que é Integrada, Completa e Perfeita. Esta ausência de percepção da unidade essencial de todas as coisas do universo inteiro, como prega a Vedanta, limita a consciência de um indivíduo a uma localidade do universo, e impede o seu funcionamento, com a mesma eficiência, em qualquer outro lugar. Mas aquele que é consciente da Realidade sente-se em casa em qualquer parte, porque vê a mesma Realidade em todas as coisas e em todos os lugares.

Esta liberdade de *bheda-bhāva* significará antes a profunda percepção da Realidade Una do que a libertação de *moha*. Libertação de *moha* significa desapego em relação a objetos, pessoas ou empreendimentos com os quais estamos conectados ou que nos são familiares. Por outro lado, a libertação de *bheda-bhāva* significa libertação do apego ao que quer que seja em todo o universo manifestado, porque o universo inteiro em toda a sua complexidade e em todos os seus níveis é uma expressão da Realidade Una. No primeiro caso o indivíduo está consciente de ser um Espírito individual, ou *Ātmā-bhāva*. No segundo ele está consciente de ser uno com o Espírito Supremo que podemos chamar

Paramātmā-bhāva. É este fato que habilita o indivíduo Liberado a funcionar em qualquer parte do universo manifestado como um Adhikāri Purusha, o que está implícito na frase *sargāntarakarmatvam* do aforismo.

Como todo o universo é uma expressão da Realidade Única, todas as suas partes e aspectos, em todos os níveis, estão intimamente relacionados entre si, embora estas inter-relações não sejam aparentes. Por exemplo, quando observamos o universo no plano físico, vemo-lo dividido em galáxias, sistemas solares e planetários, separados por vastas e inimagináveis distâncias medidas em termos de anos-luz. Atualmente parece impossível cruzar essas enormes distâncias e estabelecer comunicação mesmo entre diferentes sistemas solares. Mas, quando penetramos nos níveis mais profundos da consciência, descobrimos que os diversos sistemas separados por distâncias inimagináveis são realmente atividade da Consciência Divina e sua separação no tempo e no espaço não passa de uma ilusão produzida por *Māyā*. Portanto é possível não apenas transferir a consciência de um sistema para outro, como sentir-se igualmente à vontade em qualquer parte e funcionar em todas elas. É a habilidade de agir de tal maneira, implícita na frase sânscrita *sargāntarakarmatvam*, que um indivíduo Liberado adquire quando se torna estabelecido no mundo da Realidade Una.

É um fato bem conhecido dos adeptos do Ocultismo que essas transferências de Adhikāri Purushas são possíveis e acontecem frequentemente, porém a literatura Oculta não contém informações sobre o assunto. Somente quando um indivíduo se torna Liberado, depois de *bheda-tiraskāra*, e entra no mundo da Realidade Una é que ele tem um vislumbre desses segredos mais profundos da vida oculta, não antes.

Karanashaktih svato nubhavāt

III. 37– "A capacidade de agir livremente dessa maneira, necessária a um Adhikāri Purusha, vem-lhe naturalmente, sem nenhum esforço especial, porque o Centro da sua consciência está estabelecido permanentemente no mundo da Realidade, na própria fonte do Divino Poder integrado."

Já que a consciência de um indivíduo Liberado está estabelecida no mundo da Realidade e tornou-se unida à Consciência Universal de Shiva, todos os poderes que são inerentes naquela Consciência podem ser exercidos pelo indivíduo Autorrealizado sem que faça nenhum esforço especial para adquiri-los. Devemos lembrar que esta Consciência Suprema é um estado integrado e que o Poder Supremo a ela inerente deve, portanto, ser também um estado integrado. Desse Poder integrado, que é a fonte de todos os outros poderes no mundo manifestado, qualquer poder particular, necessário para qualquer objetivo específico pode aparecer natural e automaticamente, assim como qualquer luz colorida pode surgir da luz branca integrada para produzir a cor dos objetos sobre os quais incida.

A razão pela qual todas as espécies de poderes, do mais elevado ao mais inferior, podem ser usados por um Adhikāri Purusha quando necessário, repousa naturalmente no fato antes mencionado de que a consciência, ou melhor, o conhecimento e o poder são correlatos, e todo tipo de conhecimento traz em si o seu poder correspondente. É por isso que as pessoas que alcançam a Autorrealização, ao seguirem qualquer Senda, adquirem *siddhis*, mesmo que embora nem mesmo pensem ou se importem com essas coisas, interessando-se apenas em alcançar seu objetivo supremo.

Sendo a mente uma forma diferenciada da consciência, os poderes associados ao conhecimento mental de várias espécies também se fazem presentes de forma diferenciada. É por isso que uma forma específica de conhecimento constitui a base para uma forma específica de poder, correspondente àquele conhecimento. Assim, para obter um determinado *siddhi*, é necessário fazer um esforço especial para adquirir o conhecimento no qual se baseia tal *siddhi*.

No plano *Átmico*, o *Ātmā* individual é uma expressão centralizada de *Paramātmā* e, portanto, participa em certa medida da natureza de *Paramātmā*. É por isso que a onisciência e a onipotência aparecem espontaneamente no *Yogue* que adquiriu plena consciência do plano *Átmico*. Mas essa onisciência e onipotência são comparativamente de natureza limitada e confinadas ao campo específico dentro da consciência do Siddha Purusha. Trata-se de uma expressão parcial, embora tremeda, da verdadeira Consciência Suprema de Shiva e pode ser empregada por um indivíduo Liberado que se tornou uno com a Suprema Realidade.

Tripadādy anuprānanam

III. 38 – "Como resultado da habilidade de usar o Poder Divino universal, o Adhikāri Purusha pode não apenas criar quaisquer formas necessárias ao seu trabalho, e também vitalizá-las em todos os estados e níveis de existência presentes no sistema manifestado."

Este aforismo é muito importante porque nos esclarece sobre a natureza do mecanismo psicofísico que vem à existência com o estabelecimento de um centro de consciência duplicado, um processo do qual fala o aforismo IV. 4 dos *Yoga-Sūtras*. Diz este aforismo que a criação de uma nova *citta* requer apenas o estabelecimento de um novo centro de consciência, ou antes, a duplicação do centro permanente e original. É óbvio que essa nova *citta*, criada dessa maneira, não é "mente" apenas, mas tem de estar associada a um veículo através do qual a "mente" trabalhe. O que de fato acontece é a criação de um conjunto completo de veículos para funcionarem nos diversos planos de manifestação, sendo assim uma réplica, no mundo da forma, da individualidade original. É por essa razão que o novo conjunto pode servir de uma forma efetiva ao *Ātmā* individual. Um mero corpo físico, por exemplo, sem os veículos internos para animá-lo não pode funcionar de uma forma efetiva. Seria apenas um robô, ou uma máscara, com utilidade e capacidade muito limitadas.

A existência de um conjunto completo de veículos pode funcionar eficientemente em todos os planos, exige que eles sejam vitalizados por *prāna*, o princípio que, presente em todos os veículos, lhes insufla a vida e os habilita a servir como instrumento de *Ātmā*. Pois é *prāna* que converte um mero mecanismo num corpo vivo prontamente responsivo à vontade do Espírito interior, servindo de mediador entre a consciência que é intangível e a matéria que é tangível. Sem esse princípio conectando os dois, eles não podem interagir um com outro.

O papel de *prāna* no funcionamento dos vários veículos utilizados por *Ātmā* nos diferentes planos da manifestação não é plenamente entendido até mesmo por muitos estudantes de Ocultismo. Na classificação vedantina destes veículos a menção é feita apenas ao *prānamaya-kosha*. Disso o estudante infere que a única função de *prāna* é vivificar o corpo físico denso, chamado *annamaya-kosha* nesta classificação. Porém, quem quer que tenha cuidadosamente estudado os *Upanixades*, e outras obras da literatura Oculta, pode claramente ver que o papel de *prāna* é muito mais complexo e que ele desempenha um papel no funcionamento de todos os veículos, embora isso seja de percepção difícil para nós, nos planos inferiores. As duas máximas Ocultas seguintes indicarão quão importante sua função é.

"*Prāna* é Brahman, a Suprema Realidade".
"O primeiro derivado de *Samvit* ou Consciência Universal é *Prāna*".

Outro ponto importante a esse respeito é que os veículos criados artificialmente pelo *Yogue* por *kriyā shakti*, para uma finalidade especial, não precisam ser formados ou construídos elaboradamente um por um. Eles vêm à existência, ou são precipitados automática e espontaneamente, pelo estabelecimento de um centro duplicado de consciência, como está explicado no aforismo IV. 4 dos *Yoga-Sūtras*. E eles emergem plenamente vitalizados e prontos para trabalhar tão eficientemente como o conjunto original de veículos. A única diferença entre os dois é que o artificial não tem *samskāras* a ele ligados e suas atividades são dirigidas pelo indivíduo que atua no conjunto original de veículos. Os aforismos IV. 4 e IV. 5 dos *Yoga-Sūtras* confirmam o que acaba de ser explanado.

A criação de um conjunto de veículos, natural e automaticamente, da maneira acima descrita, é o resultado da relação do *Ātmā* individual com os planos inferiores da manifestação. Estes planos representam estados diferenciados da consciência *Átmica* integrada e por isso, quando o centro duplicado se estabelece no plano mais elevado da manifestação, os veículos correspondentes àquele centro que surge vêm à existência de um forma natural nos planos inferiores. Todos nós estamos familiarizados com estes processos até mesmo no plano físico. Quando uma semente é plantada no solo adequadamente preparado, ela brota, cresce imediatamente e acaba por produzir uma árvore da mesma espécie, com o auxílio das formas naturais atuantes em seu ambiente. A única diferença é que o crescimento de uma árvore leva tempo, enquanto que a criação de um conjunto de veículos é produzida instantaneamente por um Adepto do Ocultismo. A razão dessa diferença reside no fato de que o impulso para o crescimento da àrvore vem de uma fonte no reino do tempo e no espaço, enquanto que o impulso para o crescimento de um novo conjunto de veículos vem de uma fonte no eterno, que está acima das limitações de tempo e espaço.

Este *siddhi* é mencionado no *Kaivalya Pāda* e não no *Vibhūti Pada*, nos *Yoga-Sūtras*, o que indica que tal poder apenas pode ser exercido por um Adepto do Ocultismo o qual, tendo já transpassado o centro *Átmico* de sua consciência, vive no mundo da Realidade. O entretenimento divino descrito no *Bhāgavata*, em que Krishna multiplica o número de seus veículos para poder estar, ao mesmo tempo, com cada uma das *gopīs* separadamente, é provavelmente uma alegoria alusiva à ação desse Poder Divino presente potencialmente em cada ser humano.

Muitos *Yogues* adquirem este poder de materializar a si mesmos em seus corpos originais, ou duplicados, em lugares distantes; mas este fenômeno é de natureza diferente, e o corpo assim produzido é chamado *mayávico* ou ilusório. No presente contexto não é necessário ir além neste assunto.

Cittasthitivat sharīra-karana-bāhyesu

III. 39 – "Como no caso da mente, o corpo e os órgãos dos sentidos e da ação também são vistos na periferia da consciência e não afetam os seus níveis mais profundos."

No aforismo III. 33 dos *Shiva-Sūtras* foi dito que a atividade da mente, com a qual a maioria das pessoas se identifica, é vista por um indivíduo Autorrealizado na periferia da consciência e, portanto, não afeta a sua consciência interna. O presente aforismo esclarece ainda mais a mesma ideia, acrescentando que o corpo também é visto como separado do seu Eu na periferia da consciência. Aquilo que vemos fora de nós realmente está presente dentro de nós, na forma de uma imagem mental produzida em nossa mente pelo nosso ambiente, e o corpo também é parte dessa imagem. Chamamos a atenção para esse fato porque há uma tendência geral em darmos ao corpo um *status* independente e considerar sua existência e atividades como separadas das da mente. Como a base do universo manifestado é mental, todo o mecanismo psicofísico através do qual funcionamos como um Espírito individual também é parte do mundo mental percebido no pano de fundo da consciência. Os órgãos dos sentidos e os órgãos de ação, sendo parte do corpo, são naturalmente vistos também na periferia da consciência. No presente aforismo eles são referidos como *kārana* ou instrumentos.

Abhilāsād bahirgatih samvāhyasya

III. 40 – "O desejo ou vontade de um Adhikāri Purusha de implementar o Plano Divino leva-o a atuar também na periferia da consciência, mas não afeta o seu ser mais profundo que está estabelecido no mundo da Realidade."

A ideia da não identificação da consciência com as atividades da mente e do corpo é estendida às atividades do desejo, o qual é geralmente a força motivadora e impulsionadora por detrás das atividades da mente e do corpo. As atividades da nossa natureza de desejo são, geralmente, consideradas como parte da nossa atividade mental, mas neste aforismo foram corretamente separadas e distinguidas das atividades mentais. O desejo é uma expressão inferior e um reflexo do aspecto Vontade da nossa natureza e tem suas raízes no plano *Átmico*, ao passo que a atividade da mente inferior é uma expressão da Mente Superior, chamada corpo Causal ou *Kārana sharīra*. É porque o desejo é uma expressão degradada do *Ātmā*, o princípio mais elevado na individualidade, que ele constitui o fator dominante e motivador da vida humana e a sua eliminação provê um método direto para a recuperação da consciência *Átmica* ou percepção do nosso Eu real.

A palavra sânscrita *abhilāsā* significa geralmente o desejo comum pelas coisas mundanas, mas no presente contexto, referindo-se à vida de um indivíduo Autorrealizado, deve ser considerada como designando a força de vontade da qual os desejos são derivados. Esta interpretação, além de ser adequada, é necessária porque um indivíduo Autorrealizado, um Adhikāri Purusha, não tem mais desejos pessoais próprios, mantendo, ao contrário, em todas as atividades das quais participa, a atitude e a percepção de ser um agente da Vida Divina.

O aforismo em estudo pretende remover as dúvidas que possam surgir nas mentes daqueles que vivem e trabalham sob a orientação dessas almas tão altamente evoluídas. Quando esses grandes seres vêm viver entre os homens, esforçam-se para passar despercebidos e, por isso, vivem o mais possível no que concerne à sua vida externa como os demais homens que os rodeiam. O homem comum, cujo sentido de discernimento ainda não foi desenvolvido, julga esses grandes seres pelos seus comportamentos e atividades exteriores, e não encontrando neles nada de notável, ignoram a sua moral elevada, sua grandeza intrínseca e sua estatura espiritual. É necessário ter uma profunda percepção espiritual e desenvolvimento para reconhecer a grandeza espiritual. Devemos ter em nós já desenvolvido, pelo menos até certo ponto, aquilo que podemos ver e apreciar nos outros.

Como é possível que estas almas altamente evoluídas vivam e comportem-se como pessoas comuns e, contudo, ao mesmo tempo, vivam no mundo da Realidade? O segredo dessa vida dual está no fato de que as atividades dos seus desejos, etc., têm lugar na periferia das suas consciências, e o Homem Interno permanece inafetado por elas.

O aspirante deve compreender esses aspectos da vida interna se quiser entrar em contato com *Mahātmās* verdadeiros, que geralmente vivem desconhecidos e ignorados, em solidão, e não são facilmente acessíveis. Para encontrá-los e com eles cooperar no trabalho benéfico que executam, a despeito do isolamento físico, é preciso ser, ao menos até certo ponto, semelhante a eles. De nenhuma utilidade será a busca dos *Mahātmās* nos Himalaias ou nos *Āshramas* se não tivermos as qualificações necessárias para entrar em contato com eles.

Tadārūdha-pramites tatksayāj jīva-samksayah

III. 41 – "Um Adhikāri Purusha está direta e constantemente consciente da Realidade, por isso a vida ou personalidade que ele assumiu temporariamente para executar uma parte específica do Plano Divino chega ao fim ou desaparece com o desaparecimento simultâneo do desejo ou da vontade quando da realização do trabalho."

Este aforismo se refere mais uma vez ao trabalho de um Adhikāri Purusha quando participa de algum modo no Plano Divino. Ele está estabelecido no mundo da Realidade e o seu conhecimento é verdadeiro e certo. Quando, portanto, ele desce aos mundos inferiores e trabalha através de uma personalidade, ele está pelo menos parcialmente consciente, o tempo todo, deste fato, embora sua mente esteja ocupada no trabalho que está executando. Todos os aforismos posteriores ao aforismo III. 25 tratam do estado de consciência e do modo de trabalhar de um indivíduo Liberado, e devem ser interpretados à luz deste fato. As interpretações de alguns desses aforismos por certos eruditos dão a impressão de que o *Yogue* reverteu ao estado inferior da vida comum, envolvendo toda espécie de ilusões e limitações. Como o estado de verdadeira Autorrealização é irreversível, obviamente tais interpretações são errôneas.

O estado da mente, as ações e o modo de trabalhar de todos os indivíduos Liberados, que tomam parte na execução do Plano Divino da evolução, são completamente diferentes dos assumidos pelas pessoas comuns, mesmo que externamente todos pareçam agir da mesma maneira. Mesmo quando a sua mente está imersa no trabalho do mundo físico, o contato com o mundo da Realidade nunca é interrompido e eles podem ativamente se tornar conscientes daquele mundo instantaneamente ao retirar-se para os níveis mais profundos de sua consciência.

O estado de consciência desses *Jīvanmuktas* é um mistério da vida espiritual que deve ser adequadamente compreendido sob pena deles serem mal interpretados, tornando impossível o discipulado sob a sua orientação. Apenas no caso daqueles que ainda estão trilhando o caminho do discipulado e ainda não cruzaram o limiar do *Nirvāna*, é que são possíveis as reversões a estados inferiores de consciência. Elas não só são possíveis, mas o risco destas reversões e o abandono da Senda da Santidade são inerentes à vida do discipulado, como já foi dito em um aforismo anterior. Um discípulo tem que estar sempre alerta e constantemente prevenido contra tais quedas, mesmo que já tenha galgado um alto estágio no desenvolvimento da consciência.

É porque a consciência de um indivíduo Liberado está firmemente estabelecida no mundo da Realidade, como indica a frase *tadārūdha-pramithe* e, portanto, completamente desapegada da vida e dos interesses do mundo manifestado, que a sua personalidade desaparece assim que termina o trabalho empreendido. Não só não existe mais apego aos mundos inferiores como também não há mais vestígios de *karma* a ser esgotado, o que às vezes torna necessária a volta temporária aos mundos inferiores de almas altamente avançadas. Estas não estão completamente livres enquanto não cruzarem o portal do *Nirvāna* e se tornarem Libertas no sentido verdadeiro.

Bhūtakañcukī tadā vimukto bhūyah patisamah parah

III. 42 – "Quando o Adhikāri Purusha está livre do mecanismo psicomaterial criado por sua vontade, utilizando o Poder Divino, sua consciência reverte mais uma vez ao estado de Shiva, ou Realidade transcendental."

Já foi dito antes que o desejo ou *kāma* é uma forma degradada de vontade ou *icchā*. Enquanto no caso de uma pessoa comum o desejo é a força motivadora na vida, no caso de um indivíduo Autorrealizado, agindo como um Adhikāri Purusha, a força que impulsiona todas as ações é *Icchā Shakti* ou pura vontade espiritual. Ainda no caso de um Adhikāri Purusha, a personalidade externa parece ter desejos e pensamentos, mas estes são controlados, e são realmente expressões da vontade espiritual que age a partir do Centro mais profundo da Consciência e orienta a personalidade no trabalho que deve ser feito. Porém a personalidade aparenta possuir uma existência própria e, como já foi mostrado antes, tem um comportamento, em certos aspectos, muito semelhante ao de um homem comum. As vidas externas dos Mahāpurushas confirmam este fato. Todos eles têm personalidades extraordinárias, porém sob perfeito controle e orientação de sua vontade, que é realmente uma expressão da Vida Divina através.

Também deve ser lembrado que tais Adhikāri Purushas não têm *samskāras kármicos* a serem resolvidos, pois estes foram todos destruídos com o atingimento da Liberação, como diz o aforismo IV. 30 dos *Yoga-Sūtras*. Quando um trabalho especial empreendido por um Adhikāri Purusha está terminado, a personalidade se dissolve naturalmente, porque a pura vontade espiritual que a mantinha coesa se retira e a consciência, que estava parcialmente voltada para fora a fim de manter a atividade externa, reverte ao estado original de completa percepção da Realidade.

Neste aforismo o modo peculiar pelo qual é indicado o fato da reversão da consciência ao completo estado de percepção da Realidade por ocasião da desagregação da personalidade, mostrará ao estudante como os conceitos de natureza profunda são, às vezes, expressos na língua sânscrita, principalmente quando sob a forma de aforismos. O sânscrito é uma língua admirável para a expressão condensada de ideias profundas de natureza filosófica ou religiosa, porque certos termos possuem amplo alcance de conotações, podendo assim uma doutrina completa ou um conceito de profundo significado ser, às vezes, expresso por uma única palavra ou expressão. Mas para isso é necessário que o estudante seja muito cuidadoso ao determinar em que sentido tal ou qual palavra ou frase é usada em determinado contexto. A menos que ele tenha uma boa compreensão dos princípios fundamentais do assunto que está estudando pode não conseguir encontrar nenhum sentido naquilo que é afirmado no aforismo. Para ilustrar esse ponto, tomemos algumas palavras e expressões do presente aforismo:

bhūtakañcukī – Esta expressão se refere ao mecanismo psicofísico através do qual o *Jīvātmā* funciona no mundo da manifestação, mas nas duas palavras que a compõem estão implícitos muitos conceitos ocultos. A frase refere-se à constituição essencial do homem, mas também indica como são construídos os mundos mentais dos diversos planos, pela ação dos *pañcha-bhūtas*, ou os cinco Elementos Cósmicos, e ainda como o mecanismo psicofísico, gradualmente construído por um *Jīvātmā*, no mundo da manifestação, durante o longo processo evolutivo, funciona como uma prisão, confinando a sua consciência e obscurecendo a percepção da Realidade que está oculta em seu coração e constitui o seu verdadeiro Eu.

O homem comum é mantido em servidão dentro do seu conjunto de veículos, metaforicamente chamado "a roupagem feita de *bhūtas*", e não pode se livrar dele até que a sua evolução se complete e ele tenha se tornado perfeito. É somente então que ele pode participar da Consciência Universal de Shiva e, também, exercer o Seu Poder como um agente consciente. Por outro lado, o indivíduo

Liberado está livre destas compulsões e embora faça uso de tais mecanismos, não é preso por eles, podendo abandoná-los sempre que o deseje. Por isso este estado é chamado Liberação.

pati – A palavra sânscrita *pashupati* significa "Senhor de todas as criaturas vivas que estão em escravidão no *samsāra*" e é frequentemente usada como cognome de Shiva, a Consciência Universal que está se expressando no mundo manifestado por meio de todas as criaturas vivas nos diversos estágios de evolução. Como a maioria dos estudantes de filosofia hindu está familiarizada com este nome, a palavra *pashu* é suprimida e somente *pati* é usada em referência a Ele.

samah – Esta palavra sânscrita significa "semelhante" ou "o mesmo que". Antes de descer à manifestação a Mônada existe no mundo da Realidade Suprema, no qual o Poder Divino é apenas potencial, e fundido na Consciência Divina, e assim não existe escopo para sua expressão e desenvolvimento de faculdades através das quais possam ser exercidos poderes de variadas espécies. Assim, a Mônada, embora essencialmente da mesma natureza de Shiva e semelhante a Ele, não é exatamente igual a Ele, porque ainda não desenvolveu a faculdade de usar o infinito Poder Divino latente nela.

É para tornar ativo este Divino Poder que a Mônada desce à manifestação, sob a ilusão criada por *Māyā*, submete-se ao processo evolutivo e desenvolve as faculdades que lhe permitirão exercer todos os poderes do mais ínfimo ao mais elevado. O mais exaltado estágio deste desenvolvimento é alcançado quando a Mônada se torna um Logos Solar, ou Īshvara, e governa e orienta a evolução de um sistema solar, com todas as Mônadas que nele estão evoluindo. Porém somente após haver atingido a Liberação, quando a sua consciência se une à Consciência Universal de Shiva, é que ela é dotada do Poder Divino e pode utilizá-lo como um agente consciente da Vida Divina, e verdadeirante tornar-se como Shiva ou Shiva-tulya como diz o aforismo III. 26. Então, o Poder Divino que está presente nela pode ser exercido em medida sempre crescente, enquanto ocupa cargos de responsabilidade cada vez maior no Plano Divino, como um Adhikāri Purusha.

O parágrafo acima explica brevemente o mistério concernente à necessidade da descida ao mundo da manifestação e a passagem pelas dificuldades e sofrimentos do longo processo evolutivo por um ser que é Divino em sua natureza essencial e tem seu lar no mundo da Realidade. A solução verdadeira e completa desse grande mistério só acontece quando a Mônada se torna liberada e obtém a visão direta da Verdade que está no santuário do seu coração.

parah – significa "além" e é empregada para indicar a natureza transcendental daquela Realidade Suprema que ultrapassa, não apenas o mundo manifestado, mas também o mundo Divino no qual funcionam os Seres Divinos, como o Logos Solar. Esta Consciência Universal de Shiva é transcendental no mais alto sentido, porque transcende até mesmo o Maheshvara-Maheshvarī Tattva no Eterno Não Manifestado de onde provém e do qual são expressões todos os Īshvaras que funcionam nos mundos manifestados.

Naisargikāh prānasambandhah

III. 43 – "O princípio de *prāna*, embora faça a ligação da pura Consciência do *Purusha* com os seus veículos no reino da manifestação, pertence realmente ao reino de *Prakrti* e por isso, quando a consciência do *Purusha* volta ao mundo da Realidade, como diz o aforismo precedente, *prāna* fica para trás com o veículo, e sua associação com o *Purusha* é dissolvida completamente."

Mencionou-se anteriormente que *prāna* tem uma função muito mais ampla e importante do que geralmente se supõe. Apenas podemos ter uma ideia vaga sobre o seu papel nos planos espirituais, embora saibamos que ele existe naqueles planos. Nosso conhecimento acerca de *prāna* está quase completamente circunscrito ao seu funcionamento no *prānamaya-kosha,* que não só vitaliza o corpo físico mas também serve como instrumento para a conversão de vibrações puramente físicas, como as do som e da luz recebidas pelos respectivos órgãos dos sentidos, em sensações que são de natureza mental e constituem a matéria-prima para o trabalho e desenvolvimento da mente.

Este aforismo é muito importante porque, juntamente com vários outros dos *Shiva-Sūtras,* evidencia fatos e princípios fundamentais que são parte integrante da Doutrina Oculta. Ele afirma que *prāna*, embora derivado da consciência, também faz parte do mundo objetivo. Este mundo é governado pelas leis da Natureza e, por isso, é chamado *naisargikah*. O ponto importante a ressaltar aqui é que *prāna* funciona como intermediário entre a consciência e a mente, que são subjetivos por natureza, e a matéria que, em sua conotação mais ampla, é a base dos fenômenos objetivos em todos os planos da manifestação. Por um lado é por meio de *prāna* que a consciência se expressa na matéria e nos veículos feitos de matéria; por outro, é através dele que os veículos transmitem à mente e à consciência as informações sobre os fenômenos do mundo externo. *Prāna* pode exercer esta função devido à sua constituição peculiar que combina em si mesma as propriedades tanto da consciência quanto da matéria, como foi explicado anteriormente. Sem a intervenção de *prāna* com o seu caráter dual como poderiam dois princípios tão diferentes – consciência e matéria – reagir um ao outro?

Nāsikāntarmadhya-samyamāt kimatra savyā-pasavya-sausumnesu

III. 44 – "Para aqueles que aprenderam a técnica de regular as forças de *prāna* e *kundalinī* através de *prānāyāma*, não mais existe realmente o confinamento da consciência no reino da manifestação, pois sua consciência pode se mover para cima e para baixo nos diferentes planos, de acordo com a própria vontade."

Tal como o aforismo III. 42, o presente aforismo expõe de maneira peculiar, mas muito expressiva, uma prática *Yóguica* bastante conhecida que tem por objetivo final o atingimento da Autorrealização. Ninguém que não esteja familiarizado, pelo menos teoricamente, com as técnicas do *Yoga* pode entender o significado deste enigmático aforismo, enquanto os que já tenham algum conhecimento de como as forças de *prāna* e *kundalinī* são utilizadas para abrir e tornar funcional a passagem extremamente fina e sutil existente no interior da coluna vertebral, chamada *sushumnā nādi*, perceberão imediatamente o seu significado se tiverem uma ideia correta do que expressam as palavras sânscritas aqui utilizadas de maneira pouco usual.

A maneira peculiar de expressão é usada por aqueles que tentaram expor esses fatos vitais do ocultismo prático, não com o intuito de confundir o estudante, mas por duas razões. Primeiro, para tentar condensar o que devia ser dito no menor número possível de palavras todos os fatos essenciais e fundamentais relativos ao assunto ou processo tratado no aforismo. É surpreendente como muitos fatos de natureza essencial são sugeridos neste breve aforismo. A essência de muitas técnicas de *Yoga* com os seus princípios básicos, que ocupam capítulos inteiros nos livros sobre o assunto, surge no uso de simples palavras e frases. É assim natural que estudantes que não possuam uma sólida base de conhecimento mental sobre estes assuntos tenham dificuldade de compreender o significado verdadeiro de tais aforismos.

A segunda razão pela qual este método peculiar de expressão é adotado na exposição de fatos do ocultismo prático é parcialmente velar o significado e a importância internos do que é dito. A maior parte das pessoas que hoje parecem interessadas em *Yoga* não possuem o motivo correto para a busca desta ciência sagrada. Elas estão interessadas em *Yoga* seja porque são curiosas e simplesmente querem satisfazer sua curiosidade sobre este conhecimento misterioso e que em si mesmo é fascinante, que foi rodeado pelo fascínio de tradições de ditos milagres feitos por *Yogues* e por grandes instrutores de conhecimento espiritual. Outras vezes elas estão interessadas em adquirir poderes psíquicos de vários tipos para satisfação da própria vaidade, ou para explorar a outrem. O objetivo de muitos é melhorar a própria saúde ou livrarem-se das doenças mais variadas, de modo a poderem gozar ao máximo a vida física. As pessoas de qualquer uma dessas categorias não estão preparadas para trilhar a senda do verdadeiro *Yoga*. Elas podem ser consideradas imaturas do ponto de vista espiritual e não estão qualificadas para trilhar esta senda com sucesso e segurança. Todas essas pessoas são mantidas afastadas deste conhecimento de importância vital, mas é perigoso para pessoas de temperamento irresponsável, através desta maneira peculiar de expressão. Se o interesse das pessoas é puramente acadêmico, elas podem conseguir entender o sentido literal do aforismo e ter a satisfação presunçosa que um mero erudito obtém do seu saber. Porém o que elas obtêm é simplesmente a casca e não o grão do verdadeiro conhecimento.

A importância deste aforismo, no presente contexto, está no fato de que ele dá um vislumbre da extrema facilidade do método com que um Adhikāri Purusha se liberta do seu mecanismo psicofísico quando não está ativamente empenhado no trabalho que empreendeu, embora ainda continue responsável pelo seu cargo. Ele pode elevar instantaneamente sua consciência ao mundo da Realidade e repousar em sua verdadeira morada pela utilização da técnica relacionada com o funcionamento ativo do *sushumnā*. De fato, quando esta técnica é completamente dominada, o processo de libertação das limitações dos mundos inferiores e o ingresso no mundo da Realidade tornam-se extremamente simples, e é meramente uma questão de focalizar a consciência em qualquer dos veículos, ou repousar no mundo da Realidade em completa consciência da sua natureza Divina. A consciência de um tal Adhikāri Purusha pode-se movimentar para cima e para baixo nos diferentes planos tão facilmente como qualquer um de nós se movimenta nas diversas peças da própria casa e e se torna cônscio dos objetos contidos em cada uma delas.

Naturalmente, porém, o que foi dito acima somente se aplica aos indivíduos Liberados, que estão agindo nos mundos inferiores como Adhikāri Purushas e tiveram que descer e trabalhar nos mundos inferiores em uma ou outra capacidade. Existe um grande número de outros indivíduos Liberados, de imensa e elevada estatura espiritual, que não desempenham as mesmas funções e por isso não necessitam de mecanismo psicofísico ou corpos, nos planos inferiores. O seu trabalho não exige os mesmos movimentos frequentes de consciência para cima e para baixo, ou de uma esfera para outra, e o que foi explanado no presente aforismo não se aplica a eles. Não conhecemos praticamente nada sobre essa classe de Grandes Seres que não se conservam ativamente em contato com os mundos inferiores porque não possuem encargos de responsabilidade neles. Somente referências muito vagas a esses Seres são encontradas na literatura oculta do Hinduísmo.

Bhūyah syāt pratimīlanam

III. 45 – "Para um Adhikāri Purusha ou *Yogue* que possui perfeito controle sobre os seus veículos e pode transferir sua consciência a qualquer parte do reino da manifestação, ou mesmo transcendê-lo e ingressar no mundo da Realidade, sempre que o queira, existe novamente a total reabsorção na Realidade."

Como os Adhikāri Purushas, que são titulares de cargos de responsabilidade nos mundos inferiores, podem retirar suas consciências instantaneamente desses mundos e tornarem-se plenamente conscientes do mundo da Realidade, para eles verdadeiramente não existe separação daquele mundo Real. E, não existindo verdadeira separação, quando sua tarefa está encerrada, eles naturalmente se retiram para o mundo da Realidade.

Informações sobre Teosofia e o Caminho Espiritual podem ser obtidas na Sociedade Teosófica no Brasil, no seguinte endereço: SGAS - Quadra 603, Conj. E, s/nº, CEP 70.200-630 Brasília, DF. O telefone é (61) 3226-0662. Também podem ser feitos contatos pelo telefax (61) 3226-3703 ou e-mail: st@sociedadeteosofica.org.br - www.sociedadeteosofica.org.br.